essentials

Michaela Moser

Führungsakzeptanz im Wandel

Wie veränderte Erwartungen der Mitarbeiter den Führungserfolg beeinflussen

Michaela Moser
Köln, Deutschland

ISSN 2197-6708 ISSN 2197-6716 (electronic)
essentials
ISBN 978-3-658-25399-8 ISBN 978-3-658-25400-1 (eBook)
https://doi.org/10.1007/978-3-658-25400-1

Die Deutsche Nationalbibliothek verzeichnet diese Publikation in der Deutschen Nationalbibliografie; detaillierte bibliografische Daten sind im Internet über http://dnb.d-nb.de abrufbar.

Springer Gabler ist ein Imprint der eingetragenen Gesellschaft Springer Fachmedien Wiesbaden GmbH und ist ein Teil von Springer Nature
Die Anschrift der Gesellschaft ist: Abraham-Lincoln-Str. 46, 65189 Wiesbaden, Germany

Was Sie in diesem *essential* finden können

- Sie lernen, wie Führungsakzeptanz zustande kommt und welchen Einfluss Führungskräfte darauf haben.
- Sie erfahren, was die Mitarbeiter von ihren Führungskräften erwarten und wie sie sich im Enttäuschungsfall verhalten.
- Sie gewinnen einen Überblick über die Megatrends, die sich auf die Akzeptanz der Führung auswirken und lernen, was eine wirksame Führung in einer VUCA-Welt ausmacht.
- Abschließend erhalten Sie erste Empfehlungen für die Führungs- und Personalpraxis.

Vorwort

Was macht wirksame Führung in einer VUCA[1]-Welt aus und wie wird sich unser heutiges Führungsverständnis verändern? Wer sich auf die Zukunft vorbereiten möchte, sollte sich schon jetzt mit dieser Frage auseinandersetzen. Dabei ist es ratsam, die Mitarbeiter in den Überlegungen zu den Grundsätzen moderner Führung nicht außer Acht zu lassen und ihre veränderten Erwartungen hinsichtlich der Führungsbeziehung zu berücksichtigen. Immerhin haben nicht nur Führungskräfte eine genaue Vorstellung vom Idealbild eines Geführten (Sy 2010, S. 73 ff.), sondern auch Mitarbeiter weisen Ansprüche an eine gute Führung auf, die das Führungsergebnis erheblich beeinflussen können. Anderenfalls verkennt man die wechselseitige Interdependenz von Führenden und Geführten im Rahmen der gemeinsamen Führungsbeziehung (Furtner 2017, S. 10) und verfällt in altes Denken nach dem Muster der Great-Man-Theorien[2], die mittlerweile in der Wissenschaft und der Unternehmenspraxis nahezu übereinstimmend als old school kategorisiert werden. Die Mitarbeiterorientierung wird damit zu einer zentralen Forderung der Forschungslehre und ist bereits wirksamer Bestandteil der systemischen Führung.

Gleichwohl stellt die Gallup-Studie jedes Jahr erneut fest, dass die Wünsche der Mitarbeiter und die Wirklichkeit in deutschen Unternehmen hinsichtlich der Führungsqualität besonders weit auseinanderklaffen und die Produktivitätsmöglichkeiten nicht vollständig genutzt werden (Nink 2018; ähnlich auch Bohulskyy et al. 2011).

---

[1]VUCA ist die Abkürzung für eine volatile, unsichere und komplexe Arbeitswelt mit hohen Ambiguitäten.

[2]Dabei handelt es sich um eine der ersten Führungstheorien. Sie basiert auf der Annahme, dass es bestimmte Eigenschaften gibt, die Menschen mit Führungsfähigkeiten von allen anderen unterscheidet und die einzig für den Führungserfolg verantwortlich sind.

Ich bin daher der festen Überzeugung, dass wir die Ansichten und Erwartungen der Geführten stärker in unsere Führungsbemühungen mit einbeziehen sollten, denn ihr Einfluss auf den Führungserfolg ist nicht zu unterschätzen. In diesem Punkt möchte ich meine Gedanken und Ausführungen aber nicht in der Weise missverstanden wissen, dass ich mich bedingungslos auf die Seite der Geführten stelle und Führungskräften abverlange, dass sie uneingeschränkt die Ansichten ihrer Geführten teilen müssen. Ich unterstelle lediglich, dass Personen mit Führungsanspruch ohne Beachtung dieser Forderung zukünftig immer weniger erfolgreich sein werden und dadurch auch der Unternehmenserfolg limitiert wird. Warum sollten wir also nicht eine Win-Win-Beziehung anstreben, um zum Erfolg aller – der Führenden, der Geführten und des Unternehmens – beizutragen? Ziel muss es sein, eine Führungsbeziehung zu kreieren, in der alle Organisationsmitglieder gemeinsam, vertrauensvoll und im Einklang an dem Unternehmenserfolg arbeiten. In der neueren Führungstheorie wird dieser Gedanke derart ausgeweitet, dass der Mitarbeiter als Kunde der Führungskraft betrachtet wird (sog. Servant Leadership), um die gegenseitige Abhängigkeit zwischen Führenden und Mitarbeitenden zu betonen.

Vor diesem Hintergrund war es mir ein besonderes Anliegen, dieses Buch zu schreiben und meine Gedanken mit Ihnen zu teilen. Mein Plädoyer für die stärkere Einbindung der Geführten in die Führungsaktivitäten leite ich vor allem aus der impliziten Führungstheorie und als Folge derzeitiger Megatrends ab. Dabei stehen die Akzeptanz der Führung durch die Geführten, ihr Zustandekommen und ihre Einflussfaktoren im Vordergrund der Überlegungen. Diese Sichtweise unterstellt, dass es personale Führung auch weiterhin geben wird, weil das Bestreben nach Führung als evolutionsbiologisches Urzeitprogramm ein tief verwurzeltes Bedürfnis der Menschheit und im Unternehmenskontext zentraler Mechanismus organisationaler Zusammenarbeit ist, um gemeinsame Zielsetzungen zu erreichen (Von Rueden und Van Vugt 2015, S. 986; Gräser 2013, S. 5). Allerdings wird sich die Art und Weise der Führung verändern. Auf diese neue Akzentuierung werde ich mit diesem Buch eingehen.

Abschließend möchte ich bemerken, dass an diesem Buch eine Reihe von Personen mitgewirkt haben, denen ich an dieser Stelle zu Dank verpflichtet bin. Wie immer danke ich Juliane Seyhan vom Springer-Verlag, die das Buch in ihr Programm aufgenommen und begleitet hat. Außerdem gilt mein besonderer Dank Liane Metzler, die stets um die Professionalisierung meiner Abbildungen bemüht ist. Weiterhin danke ich Dr. Armin Vohr für die vielen wertvollen Tipps und Anregungen zur Weiterentwicklung des Manuskripts.

Lassen Sie mich an dieser Stelle noch betonen, dass ich im Rahmen der besseren Lesbarkeit des Textes ausschließlich von der männlichen Form ausgehe. Selbstverständlich meine ich immer beide Geschlechter.

Köln
15.01.2019

Michaela Moser

Inhaltsverzeichnis

Über die Autorin

Prof. Dr. Michaela Moser ist Geschäftsführerin der Personal- und Managementberatung evitura GmbH. Als Spezialistin für die Themen „Managementkompetenzen" und „Demokratisierung von Unternehmen" beschäftigt sie sich ausgiebig mit Strategien zur Mitarbeiterpartizipation, neuen Führungsansätzen und dem Training sozialer Kompetenzen.

Michaela Moser begleitet Unternehmen bei der Einführung eines kooperativen Miteinanders und lädt zu neuen Perspektiven ein. Als zertifizierter Coach begleitet sie Fach- und Führungskräfte mit gezielten Coachings bei Change-Prozessen im Zusammenhang mit der Abflachung von Hierarchien und dem damit verbundenen Findungsprozess einer neuen Rolle. Als geprüfte Mediatorin hilft sie bei der Auflösung von Stresssituationen, die durch Konflikte am Arbeitsplatz und im Unternehmensumfeld entstehen.

Die promovierte Diplom-Kauffrau verfügt über langjährige Management-Erfahrung in diversen international tätigen Konzernen, unter anderem als obere Führungskraft eines international tätigen Baukonzerns sowie als Geschäftsführerin einer Konzerngesellschaft. In diesen Funktionen konzentrierte sie sich auf den Aufbau und die Gestaltung von Organisationsstrukturen und -prozessen. Aufgrund dieser

Tätigkeiten sind ihr die politischen Probleme in einem Großkonzern und die konstruktive Konfliktlösung im Rahmen hierarchischer Wirtschaftsstrukturen sowie Change-Management-Prozesse bestens vertraut.

Michaela Moser hat zudem eine Professur an der IUBH Internationale Hochschule im Studiengang „Personalmanagement" inne. Ihre Forschungsschwerpunkte liegen in neuen Ansätzen der Mitarbeiterführung und dem Aufbau von Selbstorganisationsfähigkeiten. Die Kombination aus wissenschaftlichen Erkenntnissen mit praktischen Erfahrungen sowie die analytische, innovative und lösungsorientierte Herangehensweise an Beratungsprojekte zeichnen sie aus.

Einführung

1

Unternehmen sind derzeit einem enormen Transformationsdruck ausgesetzt, der eine regelrechte „Erosionskrise" der innerorganisationalen Zusammenarbeit bewirkt (Negt 1987, S. 53 ff.) und auch die personale Führungsbeziehung tangiert. Ursächlich sind Megatrends, die in die Organisation hineinwirken. Insbesondere der Einsatz neuer Technologien, die Globalisierung, der demografische Wandel und die Veränderung von Werten führen zu einem Abbau hierarchischer Unternehmensstrukturen und Prozesse (Moser 2017) und machen die Interaktion zwischen den Organisationsmitgliedern dezentraler, internationaler, virtueller und heterogener. Herkömmliche Führungstechniken, -verständnisse und -konzepte entfalten in diesem Kontext nur noch eine begrenzte Wirksamkeit, weil sie auf veraltete, hierarchische Organisationsparadigmen ausgerichtet sind und die neue Mündigkeit und Marktmacht der Mitarbeiter nicht ausreichend berücksichtigen.

Ältere und in die Jahre gekommene Führungstheorien konzentrieren sich ausschließlich auf die Führungskraft und unterstellen, dass der Führungserfolg geprägt ist durch ihre besonderen Verhaltensweisen und Eigenschaften, die (teilweise)[1] angeboren, nicht erlernbar, stabil und situationsunabhängig sind. Dieses Führungsverständnis legt eine gewisse Ehrfurcht gegenüber der Führung nahe (Uhl-Bien und Pillai 2007). Man spricht von einer „Romantisierung" der Führung, weil dem Führenden ein überzogener, nahezu heroischer Einfluss auf Erfolg und Misserfolg des Unternehmens zugeschrieben wird (Meindl et al. 1985). Diese Theorien lassen außer Acht, dass Organisationen soziale Systeme

---

[1]Eine Studie von Arvey et al. (2007) stellte fest, dass 32 % der Unterschiede in der Ausübung der Führungsrollen auf genetische Faktoren zurückzuführen ist.

© Springer Fachmedien Wiesbaden GmbH, ein Teil von Springer Nature 2019

M. Moser, *Führungsakzeptanz im Wandel,* essentials,

https://doi.org/10.1007/978-3-658-25400-1_1

1

sind (Luhmann 1987, S. 30 ff.) und infolgedessen auch personale[2] Führung als soziales Phänomen klassifiziert werden muss. Sie vollzieht sich in einer Führungsbeziehung zwischen Führenden und Geführten mit jeweils individuellen, gegenseitigen Erwartungen. Die Geführten sind nicht mehr länger im Sinne klassischer Führungstheorien passive Objekte, die lediglich auf die Führung reagieren, sondern aktive Personen mit eigenen Wünschen, Vorstellungen und Bedürfnissen. Führung ist keine Einbahnstraße, sondern ein interaktiver Prozess, in dem sich die Beteiligten gegenseitig beeinflussen (Felfe 2009, S. 1), sodass den Geführten im Führungsprozess eine konstituierende Funktion zugeschrieben werden muss (Rybnikova 2014, S. 143).

Moderne Führungstheorien rücken deshalb die Führungsakzeptanz der Geführten verstärkt in den Mittelpunkt ihrer Betrachtung. Dieser Paradigmenwechsel, hat unter dem Namen der impliziten Führungstheorien (Implicite Leadership Theories/Abkürzung: ILTs) Eingang in die Literatur und Wissenschaft gefunden (Lang 2014, S. 58; Van Quaquebeke und Graf 2015, S. 1 f.). Sie bilden die Grundlage der nachfolgenden Überlegungen.

---

[2]Neben der personalen Führung (Mitarbeiterführung) gibt es die strukturelle Führung. Die Mitarbeiterführung ist eine direkte (explizite) und individuell ausgestaltete Form der Verhaltenssteuerung, die an die direkte Interaktion zwischen Vorgesetztem und Mitarbeiter anknüpft (Weibler 2016, S. 468). Die strukturelle Führung ist hingegen eine indirekte (implizite), unilaterale und kollektive Art der Verhaltenssteuerung durch Organisationsstrukturen und -prozesse (ebenda).

Führungsakzeptanz als Prämisse für den Führungserfolg

2.1 Begriffliche Grundlagen

2.1.1 Führung

Der Begriff Führung ist in der Wissenschaft und Literatur nicht einheitlich definiert (Neuberger 1990, S. 2 ff.). Vielmehr existiert eine nahezu unübersichtliche Fülle von Führungsdefinitionen. Der kleinste gemeinsame Nenner aller in der Literatur und Forschung auftretenden Definitionen von Führung reduziert den Begriff auf die Beeinflussung anderer Personen (Brodbeck 2008, S. 281 mit weiteren Nachweisen). So bietet etwa Baumgarten folgende Begriffsdefinition an:

▶ **Führung** ist jede zielbezogene, interpersonelle Verhaltensbeeinflussung (Baumgarten 1977, S. 9).

Die interpersonelle Verhaltensbeeinflussung als einziges Definitionsmerkmal gibt jedoch wenig Aufschluss darüber, ob der Versuch der Einflussnahme seitens der Beeinflussten tatsächlich akzeptiert wird und ein intendiertes Verhalten bei ihnen auslöst (Weibler 2016, S. 22). Führung kann schließlich nur stattfinden, wenn jemand folgt (DeRue 2011, S. 129). Anderenfalls ist der Einflussversuch wirkungslos. Dieser Aspekt ist in der Führungsdefinition wie folgt zu ergänzen:

▶ **Führung** ist die sozial *akzeptierte* Beeinflussung anderer, die bei den Beeinflussten mittelbar oder unmittelbar ein intendiertes Verhalten auslöst (Weibler 2016, S. 22).

Der Versuch zur Einflussnahme durch die Führung und seine Akzeptanz durch die Geführten sind folgerichtig aufzufassen als die beiden Seiten derselben Medaille.

© Springer Fachmedien Wiesbaden GmbH, ein Teil von Springer Nature 2019   3
M. Moser, *Führungsakzeptanz im Wandel*, essentials,
https://doi.org/10.1007/978-3-658-25400-1_2

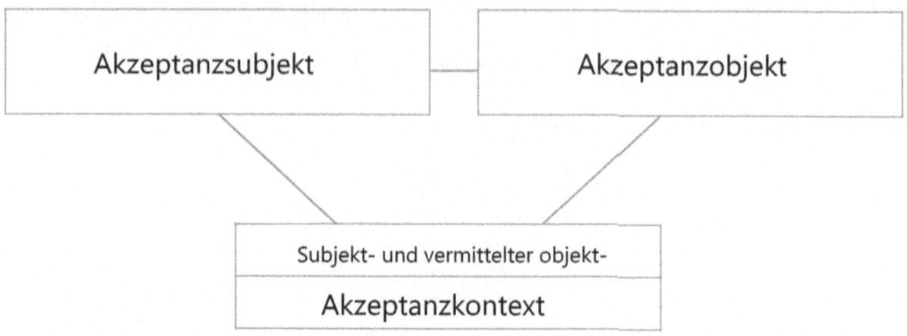

Abb. 2.1 Komponenten der Akzeptanz. (Quelle: Lucke 1995, S. 89)

2.1.2 Akzeptanz

Akzeptanz[1] ist zu verstehen als „die Chance, für bestimmte Meinungen, Maßnahmen, Vorschläge und Entscheidungen bei einer identifizierbaren Personengruppe (…) Zustimmung zu finden und unter angebbaren Bedingungen aussichtsreich auf deren Einverständnis rechnen zu können" (Lucke 1995, S. 104). Akzeptanz setzt demnach voraus, dass jemand (das Akzeptanzsubjekt) etwas (das Akzeptanzobjekt) innerhalb der jeweiligen Rahmen- oder Ausgangsbedingungen (Akzeptanzkontext) positiv bewertet (Lucke 1995, S. 88 ff.; Schäfer und Keppler 2013, S. 16 mit weiteren Nachweisen; siehe Abb. 2.1) im Sinne eines Annehmens, Anerkennens, Einwilligens, Bejahens, Zustimmens oder Billigens (Schäfer und Keppler 2013, S. 11 mit weiteren Nachweisen). Diese positive Bewertung des Akzeptanzobjektes grenzt die Akzeptanz von ihrer Antipode – der Nicht-Akzeptanz oder Ablehnung im Sinne einer Negativbewertung – ab.

Ein zentraler Unterscheidungsaspekt vorhandener Akzeptanzdefinitionen ergibt sich aus den zugrunde gelegten Akzeptanzdimensionen, die in unterschiedlicher Weise auf die Notwendigkeit einer Handlung seitens des Akzeptanzsubjektes abzielen. Die Einstellungsakzeptanz[2] umschreibt die positive Haltung gegenüber dem Akzeptanzobjekt, ohne dass seitens des Akzeptanzsubjektes eine Handlung folgt.

---

[1]Zur Bestimmung des Begriffs der Führungsakzeptanz sei an dieser Stelle auf Nachbardisziplinen verwiesen, derer sich die Führungslehre gerne bedient.

[2]Darüber hinaus wird gelegentlich neben der Einstellungsdimension die Werteebene der Akzeptanz als eigene Dimension aufgefasst. Sie wird allerdings in der Regel als eine der Einstellung immanente Dimension betrachtet. Immerhin fließen Werte und Normen in den Bewertungsprozess mit ein, sodass an dieser Stelle auf die weitere Darstellung dieser Dimension verzichtet wird.

Dieses Akzeptanzverständnis kann aber durchaus eine Handlungsintention oder -bereitschaft beinhalten (Lucke 1995, S. 82; Kollmann 1998, S. 42 und 51 f.). Die Einstellungsakzeptanz wird auch als Akzeptanz im weiteren Sinne oder als passive Akzeptanz bezeichnet (siehe Quadranten oben links in Abb. 2.2).

Einem Großteil der Akzeptanzuntersuchungen folgend, wird Akzeptanz in der Regel eine Handlungskomponente im Sinne eines beobachtbaren Handelns zugeschrieben (siehe Quadranten oben rechts in Abb. 2.2). Diese Form der Akzeptanz wird auch als Verhaltensakzeptanz, Akzeptanz im engeren Sinne oder als aktive Akzeptanz bezeichnet. Die Verhaltensakzeptanz ist ein aktiver Prozess des bewussten Annehmens, der nicht mit dem passiven Hinnehmen, Erdulden oder untätigen Zulassen gleichgesetzt werden darf (Lucke 1995, S. 96). Sie ist mehr als das resignative Sich-Fügen oder Sich-Abfinden mit einer gegebenenfalls sogar als unabänderlich anzusehenden Situation.

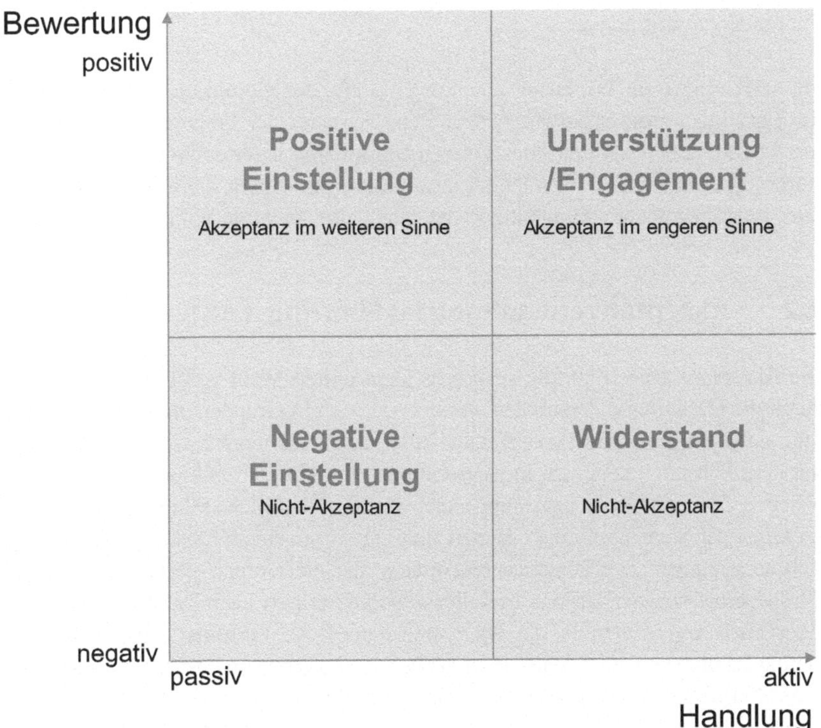

Abb. 2.2 Matrix der Führungsakzeptanz. (Quelle: Walk et al. 2011)

2.1.3 Führungsakzeptanz

Der Dreiklang aus Akzeptanzsubjekt, -objekt und -kontext (siehe Abb. 2.1) kann gleichermaßen auf die Führungssituation übertragen werden. Danach ist das Akzeptanzsubjekt mit der Person gleichzusetzen, die den Führungseinfluss akzeptiert. Neben Einzelpersonen kann dies auch ein zu führendes Kollektiv sein. Als Akzeptanzobjekt kommen Personen infrage, die einen Anspruch auf Führung erheben, ebenso wie etwa ihre Eigenschaften, Meinungen, Situationsdeutungen und Verhaltensweisen.

Da der Führungserfolg im Wesentlichen von dem Engagement und der aktiven Unterstützung der Mitarbeiter abhängt, ist vor allem die aktive Akzeptanz wünschens- und erstrebenswert.

▶ **Führungsakzeptanz** ist in diesem Sinne gleichzusetzen mit der Bereitschaft der Geführten, das eigene Verhalten aktiv an den Vorstellungen und Zielen des Führenden auszurichten.

Sie setzt eine freie Willensentscheidung seitens der Geführten voraus. „Gerade das Erzwingen von Akzeptanz würde den Charakter der Freiwilligkeit und inneren Überzeugtheit als den konstitutiven Merkmalen jeder echten Akzeptanz zerstören" (Lucke 1995, S. 98). Sanktionsandrohungen seitens der Führung aufgrund ihrer Positionsmacht nähmen ihrer Akzeptanz eine wichtige Voraussetzung.

2.2 Akzeptanzentstehung im Führungskontext

Die Akzeptanz eines Führungsanspruchs kann mittels Wahl von Führungspersonen durch die Geführten unterstrichen werden oder sich in Gruppen ohne offizielle Führung emergent einschleichen (Weibler 2016, S. 97). Emergenz ist gleichbedeutend mit dem Umstand, dass sich in jeder Gruppe ohne formale Führung im selbstorganisierten Zusammenspiel der Gruppenelemente eine natürliche Führung herausbildet. So zeigte der Sozialpsychologe Robert Bales (1950) in einem Laborexperiment, dass sich nach einiger Zeit Personen hervortaten, die die Gruppe stärker beeinflussten als sie selbst von der Gruppe beeinflusst wurden (zitiert nach Weibler 2016, S. 3). Aber auch von Außen in die Hierarchie eingesetzte Personen müssen sich um Gefolgschaft bemühen, wenn sie von einer übergeordneten Instanz bestimmt und den Mitarbeitern „vor-gesetzt" werden. Austauschtheoretische Überlegungen lassen den Schluss zu, dass gewählte Führer eine höhere Akzeptanz genießen als durch externe Autorität ernannte Führer (Kerr und Stanfel 1993), weil sie sich um die Akzeptanz der Geführten eher bemühen werden als eine extern ernannte Person.

2.3   Auswirkungen von Akzeptanz und Nicht-Akzeptanz der Führung

Hohe Führungsakzeptanz bewirkt freiwillige Gefolgschaft, baut Widerstände ab oder lässt sie nicht aufkommen. Die Folgen einer solchen positiven Bewertung von Führung bestehen in einer positiven Entwicklung der Führungsbeziehung sowie Leistung und Zufriedenheit der Mitarbeiter (Felfe 2005, S. 201 f.). Akzeptierte Führungspersonen stärken zudem das organisationale, affektive Commitment, also die Bindung der Geführten an das Unternehmen (Epitropaki und Martin 2005, S. 659; Van Quaquebeke und Brodbeck 2008, S. 75 mit weiteren Nachweisen). Die Ausprägung der Akzeptanz gewinnt damit an Relevanz für den Unternehmenserfolg.

Seitens der Führungsperson führt Akzeptanz zu sozialer Macht und Einfluss (Shaw 1990, S. 628; Kehr 2000, S. 77 f.). Mitarbeiterakzeptanz scheint für jedes Unternehmen ein wichtiger Schlüssel zum Erfolg zu sein und Führung ein wichtiger – wenn nicht sogar der wichtigste – Erfolgs- und Wettbewerbsfaktor (Simon 2007, S. 334).

Nicht-Akzeptanz führt zu einer verringerten Wirksamkeit der Führung und zu Verlust von Macht (Kehr 2000, S. 77 f.). Dies ergibt sich aus der sog. Psychologischen Reaktanztheorie nach Brehm, die den Verlust von Freiheit und dessen Folgen in den Vordergrund ihrer Überlegungen stellt. Ausgangspunkt ist die durch Freiheitsentzug und Wegfall von Handlungsalternativen entstehende motivationale Erregung, sich gegen weiteren Freiheitsentzug zu wehren und die verlorene oder bedrohte Freiheit wiederherzustellen (Brehm 1966). Die Folge ist, dass auf das mit Druck verbundene Führungsbegehren einer Person mit Gegendruck seitens der Geführten reagiert wird. Die Stärke der Reaktanz hängt unter anderem ab von der Wichtigkeit der eingeengten Freiheit für die betreffende Person (Wiswede 2000, S. 88). Den eigenen Willen durchsetzen sollte eine Führungsperson daher nur, wenn dies von ihr erwartet wird (Weibler 2016, S. 141).

2.4   Signale der Nicht-Akzeptanz von Führung

Die Nicht-Akzeptanz der Führung durch die Geführten äußert sich auf der Kommunikations- und der Handlungsebene. Sie kann entweder verbal und offen dargelegt oder verdeckt über non-verbale bzw. para-verbale Elemente etwa über eine ablehnende Körperhaltung oder die Tonalität signalisiert werden. Auf der Handlungsebene äußert sie sich in einem aktiven oder passiven Verhalten. Die Vielfältigkeit eines auf Nicht-Akzeptanz ausgelegten Verhaltens der Geführten

	Kommunikationsebene	
	verbal	**nonverbal**
aktiv Widerspruch		Aufregung
	Gegenargumentation	Unruhe
	Vorwürfe	Streit
	Drohungen	Intrigen
	Polemik	Gerüchte
Handlungsebene	Sturer Formalismus	Clicquen/Koalitionen
passiv Ausweichen		Lustlosigkeit
	Schweigen	Unaufmerksamkeit
	Bagatellisieren	Müdigkeit
	Blödeln	Fernbleiben
	Ins Lächerliche ziehen	Innerer Rückzug
	Unwichtiges debattieren	Krankheit

Abb. 2.3 Formen der Nichtakzeptanz. (Quelle: Doppler und Lauterburg 2014)

zeigt Abb. 2.3. Nicht-akzeptierte Führungshandlungen sind solche, gegen die protestiert oder auf erkennbare andere Weise Widerstand geleistet wird. Führungspersonen sollten deshalb in besonderem Maße auf Merkmale achten, die auf eine Nicht-Akzeptanz der Geführten hindeuten. In diesem Fall können sie frühzeitig geeignete Maßnahmen ergreifen, um die positive Bewertung ihrer Person oder Entscheidung wiederherzustellen und auf diese Weise ihren Führungserfolg zu bewirken. Mangels besseren Wissens tun Führende dann häufig das Falsche (Schimank 2000, S. 60; ebenso Klocke und Mojzisch 2012, S. 493): Sie reagieren mit Ärger, Ungeduld oder persönlicher Betroffenheit und schränken dadurch ihre Möglichkeiten zur Einflussnahme noch weiter ein. Es ist ratsam, Führungskräfte dahin gehend zu sensibilisieren.

„Deutlich wird ferner, dass das alleinige Ausbleiben von Widerstand oder Protesten kein zuverlässiger Indikator für das Vorhandensein von Akzeptanz ist, da es bedeuten kann, dass ablehnende Einstellungen (Nicht-Akzeptanz) sich lediglich (noch) nicht in sichtbarem Protest- oder Widerstandshandeln manifestieren" (Schäfer und Keppler 2013, S. 14).

Zustandekommen von Führungsakzeptanz

3

3.1 Kognitive Prozesse der Wahrnehmung von Führung

Der Versuch einer sozialen Einflussnahme durch die Führung kann über das Reiz-Reaktion-Schema (SOR-Modell) abgebildet werden (siehe Abb. 3.1). Danach werden alle, von den Geführten wahrgenommenen Informationen zu den Führungsansätzen (sog. Stimulus) einer Führungskraft hinsichtlich ihrer Konsequenzen auf die eigene Person, den Arbeitsplatz sowie die Arbeitsaufgabe und -bedingungen gefiltert und beurteilt. Je nach Bewertungsergebnis ergibt sich daraus die Reaktion der Geführten (sog. response) (Grabitz 1969, S. 1) im Sinne von Akzeptanz oder Nicht-Akzeptanz der Führung. Das Zustandekommen von Akzeptanz setzt die Wahrnehmung des Einflussversuchs einer Führungskraft und dessen positive Bewertung voraus, die wiederum positive Emotionen und unterstützendes Verhalten hervorrufen (Weibler 2016, S. 22). Wird der wahrgenommene Einflussversuch negativ bewertet, entstehen bei den Geführten hingegen negative Emotionen und Widerstand.

Führung wird also entscheidend von den Wahrnehmungen, Beobachtungen und Bewertungen derjenigen Personen bestimmt, denen der Einflussversuch gilt. Vor diesem Hintergrund kann Führung als subjektives Wahrnehmungskonstrukt bezeichnet werden und nicht etwa als objektive Realität (Schettgen 1991, S. 77; Hunt 1984, S. 276). In der forschungsbezogenen Perspektive wird Führung daher auch bezeichnet als „(…) the process oft being perceived by others as a leader" (Lord und Maher 1993, S. 11). Die Zuweisung von Führung liegt immer im Auge des Betrachters (Nye 2002, S. 338; Kenney et al. 1994, S. 410).

© Springer Fachmedien Wiesbaden GmbH, ein Teil von Springer Nature 2019 9
M. Moser, *Führungsakzeptanz im Wandel,* essentials,
https://doi.org/10.1007/978-3-658-25400-1_3

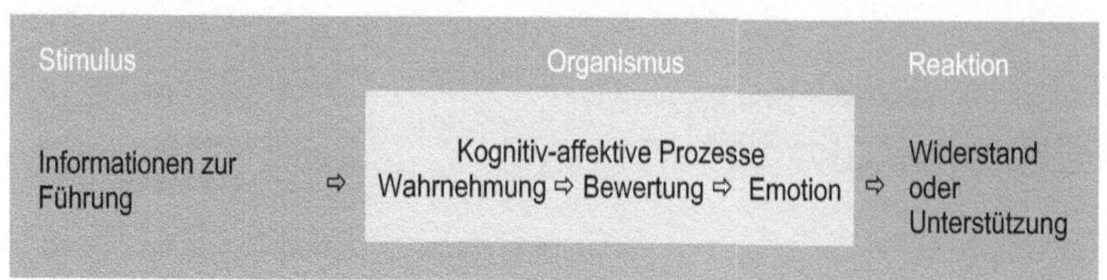

Abb. 3.1 Informationsverarbeitungsprozess

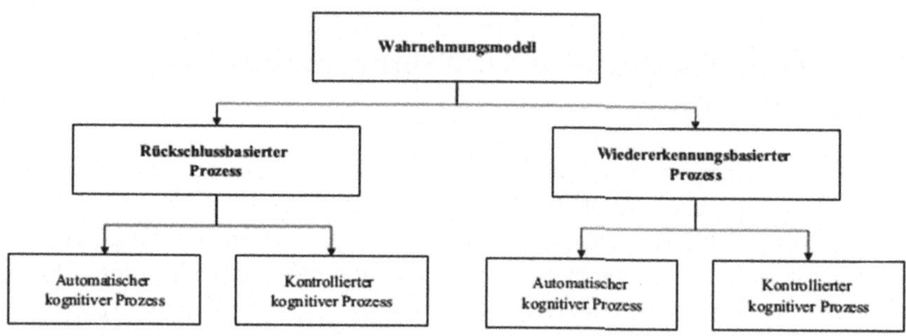

Abb. 3.2 Wahrnehmungsmodell. (Quelle: Lord und Maher 1993)

Wahrnehmung ist ein „(…) Vorgang der unmittelbaren und aktiven Teilhabe des Geistes an seiner Umgebung" (Ansorge und Leder 2017, S. 1). Sie erfolgt durch kognitive Prozesse, mittels derer „(…) wir die Einzelreize und Reizmuster aus unserer Umgebung organisieren und interpretieren" (Tewes und Wildgrube 1999, S. 444). Diese kognitiven Prozesse umfassen einerseits die Reizaufnahme und andererseits ihre Verarbeitung zu inhaltlich bedeutsamen und sinnvollen Sachverhalten (Cassels und Green 1995, S. 42). Das Verständnis von Führung setzt mithin vor allem ein Verständnis kognitiver Wahrnehmungs- und Informationsverarbeitungsprozesse voraus.

Das auf diesen Erkenntnissen aufbauende kognitive Wahrnehmungs- und Informationsverarbeitungsmodell nach Lord und Maher (1993) basiert auf der Annahme limitierter Verarbeitungskapazitäten und unterscheidet zwischen rückschluss- und wiedererkennungsbasierten Wahrnehmungsprozessen, die automatisch oder kontrolliert ablaufen können (siehe Abb. 3.2). Dabei sind automatische kognitive Prozesse solche, die unbewusst, ohne Absicht und Anstrengung stattfinden (Lord und Maher 1993, S. 33). Kontrollierte kognitive Prozesse erfordern hingegen ein hohes Maß an Aufmerksamkeit, Absicht und Anstrengung (Lord und Maher 1993, S. 34). Andere Aktivitäten, welche gleichzeitig absolviert werden sollen, werden bei kontrollierten Kognitionsprozessen an ihrer Ausführung gehindert.

Bei den rückschlussbasierten Wahrnehmungsprozessen (inferential process) erschließen die Geführten das Verhalten der Führung indirekt über die Wirkung der Führung, in dem auf der Basis von Wissen über die Arbeitserfolge bzw. -misserfolge der Führungsperson auf ihre Führungsqualitäten geschlussfolgert wird (Groeben und Scheele 1982). Personen verknüpfen demnach mit einem Führer, dass er gute Leistungen hinsichtlich des organisationalen Erfolges (etwa Gewinn) vollbringt (Lord und Maher 1993, S. 55 f.; Fischbein und Lord 2004, S. 701).

Im Rahmen der wiedererkennungsbasierten Wahrnehmungsprozesse (recognition-based process) beruht die Wahrnehmung der Verhaltensweisen und Eigenschaften einer Führungskraft auf der direkten Beobachtung im Rahmen des Arbeitsprozesses (Shaw 1990, S. 628 f.). Sie erfolgt automatisch durch die unmittelbare Interaktion mit der Führungsperson, wenn sie physisch anwesend ist und ihre Eigenschaften und Verhaltensweisen beobachtet werden können oder kontrolliert, wenn Informationen dazu durch das soziale Umfeld weitergegeben und kommuniziert werden (Lord und Maher 1993, S. 54).

3.2 Kognitive Prozesse mit Wiedererkennung

3.2.1 Modell der impliziten Führung

Kognitive Prozesse auf der Basis von Wiedererkennung resultieren vor allem aus der täglichen Interaktion zwischen Führungsperson und Geführten (Lord und Maher 1991, S. 63). Dabei gleichen die Geführten ihre individuellen Vorstellungen über eine ideale Führungsperson (sog. Implizite Führungstheorie) mit den wahrgenommenen Eigenschaften und Verhaltensweisen der Führung ab (Calder 1977). Soweit eine Führungsperson innerhalb eines Gruppenkontextes gewählt wird, muss sie den Idealvorstellungen der Gruppe genügen.

▶ Der Erfolg und die Akzeptanz der Führung hängen davon ab, inwieweit die Führung mit den individuellen, prototypischen Idealvorstellungen der Geführten übereinstimmt (siehe Abb. 3.3).

Je stärker das Idealbild einer Führungskraft (Soll-Zustand) von der Führung (Ist-Zustand) erfüllt wird, umso höher ist die Akzeptanz durch die Geführten und umso größer ist der Führungserfolg. Umgekehrt gilt, dass im Falle einer negativen

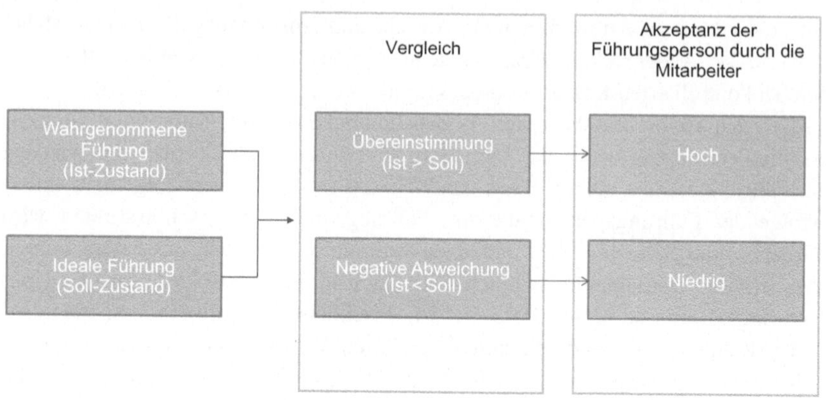

Abb. 3.3 Vergleichsprozess auf Basis impliziter Führungstheorie. (Quelle: Stock-Homburg, R. 2013, S. 506)

Abweichung des Ist-Zustandes vom Soll-Zustand der Einflussversuch durch die Führungsperson nicht angenommen wird. Die Führung sollte deshalb den individuellen Vorstellungen vom Prototyp einer Führung im Kopf des Geführten möglichst entsprechen, um als Führungsperson akzeptiert zu werden (Van Quaquebeke et al. 2014, S. 191 ff. zitiert nach Seele 2016, S. 36).

3.2.2 Prototyp der Führung

3.2.2.1 Definition

Das zentrale Konzept der kognitiven Vergleichsprozesse sind die Prototypen einer Führung. Dies sind „verdichtete, besonders markante Merkmale und Verhaltensweisen (…)" einer Führungsperson (Weibler 2016, S. 28). Ein Prototyp bedeutet und erfordert gleichzeitig und zwangsläufig, dass von den Geführten Erwartungen an die Führung gebildet werden (Seele 2016, S. 27; Aretz 2007, S. 129), die sich vor allem auf das Führungsverhalten beziehen. So hat die Metaanalyse von de Rue et al. (2011, S. 37) ergeben, dass der Einfluss der Eigenschaften einer Führungskraft auf den Führungserfolg deutlich geringer ausfällt als der Einfluss des Führungsverhaltens.

„(…) Erwartungen der Menschen sind die Bilder, die sie sich von der Zukunft machen; sie sind ein Hilfsmittel, um objektive Unsicherheit zu überspielen, niemals aber können sie objektive Unsicherheit verhindern" (Flassbeck 1994, S. 116). Da sicheres Wissen über die zukünftigen Handlungen der Führung fehlt, verwendet der Geführte Erwartungen als alternative Entscheidungsgrundlagen seiner zukünftigen Handlungen. So haben Erwartungen von Geführten reale Implikationen für die Personalführung.

„Eine Erwartung sondiert ungewisses Terrain mit einer an ihr selbst erfahrbaren Differenz: Sie kann erfüllt oder enttäuscht werden, und dies hängt nicht allein von ihr selbst ab (…)" (Luhmann 1987, S. 362 f.). Sie bietet Orientierungshilfe, denn sie verdichtet und selektiert Handlungsmöglichkeiten. Aus der Erwartungserfüllung oder -enttäuschung resultieren bestimmte Verhaltensweisen oder Handlungen der Geführten (Luhmann 1987, S. 362 f.). Die endgültige Entscheidung für eine Verhaltensmöglichkeit fällt nach der Wahrnehmung der Enttäuschung oder der Erfüllung der Erwartungen an die Führung. Jede Wahrnehmung der Führung kann daher als „(…) ein ständiger Prozess des Aufnehmens und Prüfens von Hypothesen aufgefasst werden" (Raab et al. 2016, S. 20).

Es ist leicht vorstellbar, dass Probleme und Konflikte im Führungsgeschehen immer dann auftreten, wenn die Erwartungen der Akteure nicht erfüllt werden (Lang 2014, S. 59). Ist dies der Fall, entstehen Enttäuschung, Ärger, Frust und innere Kündigung.

3.2.2.2 Entwicklung von Prototypen

Führungsbezogene Prototypen entwickeln sich auf der Basis von Rollenvorbildern. Sie basieren unter anderem auf früheren Erfahrungen, die ein Mitarbeiter mit Führungspersonen gemacht hat (Lord und Maher 1993, S. 43 ff.), wie etwa im Rahmen einer gemeinsamen Sitzung oder eines Mitarbeitergesprächs. Aber auch soziale Beziehungen und direkte Interaktionen mit frühen Rollenmodellen, wie Eltern und andere betreuende Personen, können Einfluss auf die Entwicklung von Prototypen haben (Keller 2003, 1999). Sie liefern erste Vorstellungen von Autoritäten. Danach sind frühere Erfahrungen von Geführten mit Führung entscheidend für derzeitige Urteile über Führung. Die Wahrnehmung und Bewertung einer Führung beginnt bereits vor der Aufnahme von Reizinformationen mit durchlaufenen Erfahrungen mit Führung und der darauf aufbauenden Erwartungshypothese (Bierhoff und Frey 2011, S. 183).

Auch die Persönlichkeit und Selbstwahrnehmung der Geführten spielt eine wichtige Rolle bei der Herausbildung impliziter Führungstheorien (Felfe und Schyns 2006; Keller 1999). Sie kann durch die Sozialisation im Rahmen der Führungsbeziehung geprägt werden. Daneben sind kulturelle und geschlechtsspezifische Faktoren für die Entwicklung von Prototypen verantwortlich. Prototypen sind infolge dessen sehr individuell und können je nach Kontext variieren.

Führung muss immer in dem spezifischen Umfeld und unter besonderer Berücksichtigung organisationaler Merkmale betrachtet werden, in dem sie stattfindet (Bergler 1987, S. 402 f.). So gelten im militärischen Bereich andere Führungskriterien und -prototypen als in einem Industriebetrieb und in einem

Industriebetrieb wiederum andere Kriterien als im Sport. Jede Kategorie kann wiederum in Unterkategorien unterteilt werden nach Branchen, der hierarchischen Ebene, nach Geschlecht oder nach Führungssituation.

Entgegen früherer Annahmen sind Prototypen nicht statisch zu begreifen, sondern unterliegen einem dynamischen Wandel (Hanges et al. 2000, S. 138; Lord et al. 2001, S. 312; Medvedeff und Lord 2007). Bei einer Veränderung des Kontextes werden sie aufgrund der Plastizität des Gehirns neu konstruiert. Je nach Festigkeit und Offenheit des vorhandenen Musters können vorhandene Prototypen ergänzt oder eine völlig neue prototypische Struktur geschaffen werden (Medvedoff und Lord 2007, S. 34).

Auch wenn prototypische Vorstellungen von Führung über verschiedene Individuen einer Gruppe sozial geteilt werden können, bleiben sie im Kern stets individuell konstruierte, idiosynkratische Konstrukte (Van Quaquebeke und Brodbeck 2008, S. 72). Geteilte Gruppen-Prototypen entstehen aus dem gemeinsamen Kern verschiedener idiosynkratischer Führungsprototypen (siehe Abb. 3.4).

3.2.2.3 Forschung zu Prototypen

Die Literatur definiert verschiedene Eigenschaften und Verhaltensweisen einer idealen Führung, die sich jedoch nicht einheitlich in der Forschung wiederfinden. Prototypische Eigenschaften und Verhaltensweisen einer Führungsperson sind je nach Studie unterschiedlich beschrieben (siehe expemplarische Belege in Abb. 3.5, ebenso Lord und Maher 1991, S. 30). Es gibt demnach keine allgemein

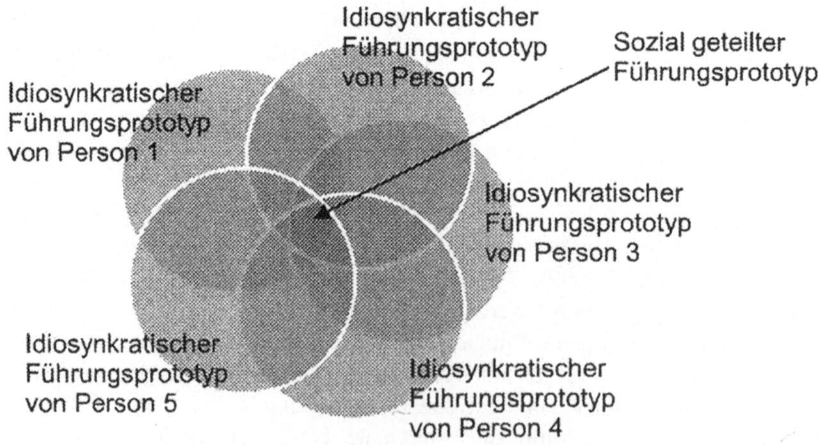

Abb. 3.4 Gruppenprototyp. (Quelle Van Quaquebeke und Brodbeck 2008, S. 72)

Quelle	Empirische Befunde zu Prototypen
Offermann, Kennedy, Wirtz 1994 (Stichproben mit Studenten)	Führer allgemein: Engagement, Intelligenz, Charisma, Stärke, Sensititvität, Attraktivität, Tyrannei, Maskulinität Effektive Führer: Geringere Ausprägung bei Tyrannei Höhere Sensitivität Geringere Betonung von Stärke
Kenney et. al. 1994 (Stichproben mit Studenten)	Neue Führungskräfte Lernen der Gruppenziele Übernahme von Verantwortung, Freundlichkeit Nervösität
Epitropaki/Martin 2004, 2005 (Stichproben organisationaler Kontext)	Führungsprototyp Sensitivität, Intelligenz, Engagement, Dynamik Antiprototyp Tyrannei, Männlichkeit

Abb. 3.5   Empirische Befunde zu Prototypen

akzeptierten Merkmalskataloge für erfolgreiche Führungskräfte (Gmür 2004, S. 398). Die einzige Eigenschaft, die in allen Studien auftaucht und abgefragt wird, ist das Charisma (Bass und Riggio 2006). Nach Weber ist Charisma „(…) eine als außeralltäglich (…) geltende Qualität einer Persönlichkeit (…), um derentwillen sie als mit übernatürlichen oder übermenschlichen oder mindestens spezifisch außeralltäglichen, nicht jedem anderen zugänglichen Kräften oder Eigenschaften (begabt) oder als gottgesandt oder als vorbildlich und deshalb als „Führer" gewertet wird" (Weber 1980, S. 140). Auch das Konzept der transformationalen Führung setzt an dem Charisma-Konzept an. Entscheidend ist, dass es nicht darauf ankommt, ob eine Führungsperson tatsächlich Charisma hat, sondern dass dieses im Auge des Betrachters liegt und als Reaktion bzw. Attribution der Geführten aufgefasst werden muss (Aretz 2007, S. 20).

3.2.2.4 Erfassungsmethoden impliziter Führungstheorien

Der Führungskraft stehen verschiedene Methoden zur Verfügung[1], um die Erwartungen ihrer Mitarbeiter zu erfassen. Zunächst kann sie subjektiv-theoretisches Wissen der Geführten erkennen über Verhaltensbeobachtung. Vordergründig ist die Frage zu beantworten, ob das Verhalten der Geführten eher auf Akzeptanz oder eine Nicht-Akzeptanz des eigenen Führungsverhaltens schließen lässt. Insbesondere bei einer Führung auf Distanz sind dieser Methode allerdings Grenzen gesetzt, da das Verhalten des Geführten aufgrund der räumlichen Trennung nur ausschnittweise beobachtet werden und die Kommunikation über digitale Medien häufig zu Fehlinterpretationen führen kann.

Es scheint daher angeraten, regelmäßig den direkten Dialog mit den Mitarbeitern zu suchen. Dieser gelingt prinzipiell nur in einer angstfreien und vertrauensschaffenden Atmosphäre, die offenes Feedback zulässt und „geschönte" Aussagen aufgrund sozialer Erwünschtheit vermeidet.

3.3 Kognitive Prozesse mit Schlussfolgerung

Kognitive Prozesse der Informationsverarbeitung, die auf Schlussfolgerungen beruhen, verknüpfen die Ergebnisse der Führung mit einer positiven oder negativen Zuschreibung der Führungsqualitäten (siehe Abb. 3.6). Dahinter steht der Gedanke, dass gute, qualifizierte Führung für Erfolge und schlechte, unqualifizierte Führung für Misserfolge verantwortlich ist (Nye 2005, S. 42). Kognitive, schlussfolgernde Prozesse laufen bei salienten Ereignissen automatisch ab und vollziehen sich bei weniger salienten Ereignissen kontrolliert (Lord und Maher 1993, S. 57 f.). Führungspersonen sind insofern angehalten, die Unternehmenserfolge ihrer Belegschaft zu präsentieren und sich über Events sichtbar zu machen.

Kognitive Prozesse mit Schlussfolgerung kommen vor allem dann zum Tragen, wenn es an einer täglichen und direkten Interaktion zwischen Führungsperson und Geführten fehlt. Dies ist etwa der Fall bei Vertretern des Top-Managements mit indirekt geführten Organisationsmitgliedern. Sie sind angewiesen auf organisationale Schlüsselevents und die Offenlegung klarer Informationen über gute oder schlechte Leistungsergebnisse (Lord und Maher 1993, S. 65 ff.), die der Führung zugeschrieben werden können (Bligh et al. 2011, S. 1063). Aber selbst

---

[1]Diese Methoden orientieren sich im Wesentlichen an den wissenschaftlichen und forschungsrelevanten Methoden. Sie können auf den Führungsalltag übertragen werden.

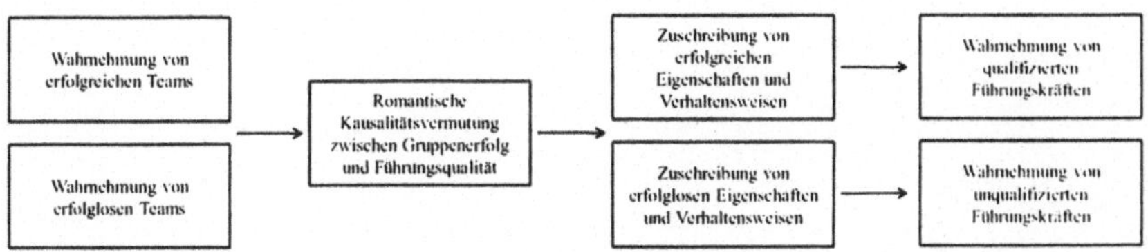

Abb. 3.6 Kognitive Prozesse der Schlussfolgerung. (Quelle: Van Quaquebeke und Graf 2015, S. 8)

zunächst auf Vergleichen der direkten Führung mit Führungsprototypen zustande gekommene Führungsakzeptanz kann zu einem späteren Zeitpunkt revidiert werden (Wong und Weiner 1981, S. 650 f.), wenn Informationen zur Performance im Rahmen schlussfolgernder Prozesse in die Einschätzung integriert werden und kontrollierte Prozesse zu einer anderen Auffassung führen. Akzeptanz wird hingegen beibehalten, wenn die Informationen den Prototypen-Vergleich bestätigen.

Wichtige Megatrends und ihre Auswirkungen auf die Führungsakzeptanz

4

4.1 Grundsatz

Megatrends sind solche Veränderungsbewegungen oder Wandlungsprozesse, die auffällig in eine Richtung deuten und vor allem folgende, drei Voraussetzungen erfüllen (Naisbitt, J. 1984; Horx, M. 2014, S. 72 f.):

- Erstens, der Trend muss eine langfristige Wirkung über mehrere Jahrzehnte haben.
- Zweitens, er muss in allen Lebensbereichen eine Rolle spielen und Auswirkungen zeigen (Ökonomie, Konsum, Politik, Alltagsleben etc.).
- Drittens, Megatrends haben prinzipiell einen globalen Charakter, auch wenn sie nicht überall gleichzeitig stark ausgeprägt sind.

Megatrends wirken in die Organisation hinein und beeinflussen neben den unternehmensinternen Strukturen und Prozessen auch die Führungsbeziehung. Es verändert sich zwar nicht die grundsätzliche Logik der Führungsbeziehung und -definition, sodass weiterhin Einflussnahme und Gefolgschaft im Fokus der Führung steht. Der Wandel kontextueller Rahmenbedingungen sorgt aber für Akzeptanzverschiebungen, deren Berücksichtigung für ein modernes Führungsverständnis und den Führungserfolg wichtig ist (Scharmer 2017; Hauser 2013; Kellermann 2012). In diesem Sinne ist das durch Megatrends hervorgerufene Nicht- oder Nicht-mehr-Akzeptieren inadäquaten und auf altem Führungsparadigma basierenden Führungsverhaltens als Motor gesellschaftlicher und organisatorischer Veränderung aufzufassen (so allgemein Lucke 1995, S. 146). Nachfolgend werden die wichtigsten Megatrends und ihre Auswirkungen auf die Führungsakzeptanz untersucht.

© Springer Fachmedien Wiesbaden GmbH, ein Teil von Springer Nature 2019

M. Moser, *Führungsakzeptanz im Wandel*, essentials,

https://doi.org/10.1007/978-3-658-25400-1_4

4.2   Megatrend Digitalisierung

Fortschrittliche Unternehmen zeichnen sich aus durch den Einsatz moderner Informations- und Kommunikationsmittel und sozialer Medien sowie durch die Arbeit in räumlich und zeitlich verteilten Strukturen (Wald 2014, S. 356). Dieser Trend zur Digitalisierung wird sich in der Zukunft weiter verstärken und schreitet in den Handels-, Logistik- und Produktionsprozessen[1] unaufhaltsam voran. Infolge dessen verändert sich die Interaktion und die soziale Führungsbeziehung zwischen Führenden und Geführten. Die Führung wird digitaler, virtueller und darüber hinaus dezentraler.

Geht man davon aus, dass virtuelle Führung und Führung auf Distanz auf eine Veränderung spezifischer Kontextbedingungen zurückzuführen sind und deswegen keine eigenständigen Führungsansätze darstellen (Hertel und Laurens 2012, S. 103), setzt der Führungserfolg weiterhin einen Einflussversuch durch die Führung voraus, der seitens der Geführten akzeptiert werden muss. Führung im Sinne der Akzeptanzschaffung wäre dann überwiegend auf digitalem Wege erreichbar. Die individuelle Wahrnehmung der Führung durch die Geführten bildet sich in Abhängigkeit von den eingesetzten technischen Mitteln und ihrer Möglichkeiten sowie deren Begrenztheit (Avalio et al. 2000 zitiert nach Hertel und Lauer 2012, S. 105).

Das media richness-Modell sieht vor, für komplexe Aufgaben „reichhaltige Medien" einzusetzen, die eine synchrone Kommunikation ermöglichen (z. B. Videokonferenzen) (Daft und Lengel 1986). Für einfache Aufgaben wird eine schriftliche Kommunikation als ausreichend eingestuft. In diesem Kontext sind die Auswirkungen virtueller Führung auf die Wahrnehmungsprozesse durch die Geführten mit Blick auf ihre Aufgaben zu diskutieren.

Bei der virtuellen Interaktion im Wege reichhaltiger Medien dürfte der kognitive Prozess mit Wiedererkennung weiterhin vorstellbar sein. Auf der Basis einer hauptsächlich schriftlichen Kommunikation bei vorwiegend einfachen Aufgaben wird die Zuschreibung von Eigenschaften und Verhaltensweisen und der Abgleich mit dem Prototyp der Führung hingegen schwieriger (Avolio et al. 2000, S. 654 f.). Die Möglichkeit der Zuschreibung insbesondere charismatischer Attribute vor allem durch nonverbale Schlüsselreize geht verloren (nach Fiol et al. 1999, S. 450 ist non-verbale Kommunikation wichtig für die Einordnung als charismatische Führung), sodass der Geführte die Führung mittels kognitiver

---

[1]Die Digitalisierung der Produktionsprozesse wird mit dem Begriff der Industrie 4.0 umschrieben.

Prozesse mit Schlussfolgerung einschätzt und bewertet. Die Salienz der Führung erscheint förderwürdig.

Infolge des Umweges über ein technisches Medium wird zudem die Gefahr einer „Verzerrung, Verfälschung oder Fehlinterpretation" zwischen den Interaktionspartnern größer (Konradt und Hertel 2002. S. 13, zitiert nach Weibler und Deeg 2005, S. 90). Nicht-Gesagtes und nicht ausgesprochene Mitarbeitererwartungen zu erkennen, wird zur besonderen Herausforderung virtueller Führung (Wald 2014, S. 376). Insoweit empfiehlt es sich, Führung immer auch in der analogen Welt stattfinden zu lassen und virtuelle Führung durch persönliche direkte Kontakte zu flankieren sowie vertrauensbildende Maßnahmen zu ergreifen. Insbesondere zu Beginn der Führung auf Distanz sind eine hohe Mitarbeiterorientierung (Eichenberg 2007, S. 262) sowie gezielte Maßnahmen der Teamentwicklung empfehlenswert. Die Intensität und Qualität der Interaktion und Kommunikation kann Unsicherheit reduzieren (Antonoakis und Atwater 2002), denn die größte Herausforderung liegt in dem selteneren und indirekteren Kontakt zwischen Führung und Geführten (Kayworth und Leitner 2001, zitiert nach Grote, S. 104). Es ist nicht verwunderlich, dass die Kommunikationsfähigkeit – speziell auch die ausgeprägte Fähigkeit zur schriftlichen Kommunikation – eine zentrale Erwartung der Mitarbeiter bei der Herausbildung einer emergenten Führung darstellt (Balthazard et al. 2009; Balthazard et al. 2008; Yoo und Alavi 2004).[2] Führungskräfte sind deshalb zukünftig vielmehr als Beziehungsmanager gefragt (Jarvenpaa und Tanriverdi 2003).

4.3   Megatrend Globalisierung

Im Wege zunehmender Globalisierung bzw. Internationalisierung wird das Zusammentreffen und die Interaktion von Personen unterschiedlicher Kulturen im Führungskontext wahrscheinlicher. Angesichts dieser Entwicklungen gewinnt die Frage an Bedeutung, wie Führungsakzeptanz außerhalb der eigenen Kultur entsteht.

Der Einfluss der Landeskultur auf die Wahrnehmung einer herausragenden Führung wurde im Rahmen der GLOBE[3]-Forschung untersucht. Dabei stellte sich heraus, dass es universell akzeptierte und abgelehnte Führungsattribute gibt (siehe Abb. 4.1).

---

[2]Die besonderen Erwartungen der Mitarbeiter an ihre Führung können insbesondere auch aus Gruppenkontexten abgeleitet werden, in denen sich Führung als emergentes Phänomen herausbildet.

[3]Abkürzung für **G**lobal **L**eadership and **O**rganisational **B**ehavior **E**ffectiveness research programm.

Erwartungen an globale Führer	
Universell akzeptierte Verhaltensweisen	**Universell abgelehnte Verhaltensweisen**
• Vertrauenswürdigkeit, Integrität Gerechtigkeit • Weise Voraussicht, visionäres Handeln • Inspirierendes, ermutigendes Verhalten • Kommunikatives, integrierendes Verhalten	• Einzelgängertum, asoziales Verhalten • Böswilligkeit • Mangelnde Kooperation • Diktatorische Neigung

Abb. 4.1 Attribute globaler Führung. (Quelle: Lang 2014a, S. 438 f.)

Diese universellen Erwartungen an einen globalen Manager haben jedoch ihre Grenzen, weil in Abhängigkeit von der jeweiligen Nation unterschiedliche Akzente zur Beschreibung einer hervorragenden Führungskraft existieren (House 1991). Besonderheiten impliziter Führungstheorien sind demnach auf kulturelle Unterschiede zurückzuführen. Dies macht deutlich, dass Mitarbeiter verschiedener Kulturen bzw. Kulturkreise voneinander abweichende Erwartungen an eine gute Führung haben. Es ist deshalb angezeigt, im Führungsprozess die kulturellen Erwartungen an die Führung zu berücksichtigen, um Akzeptanz zu schaffen und den Führungserfolg zu optimieren (Weibler 2016, S. 534; Lang 2014a, S. 439). Voraussetzung für diese Anpassung ist die Kenntnis der kulturspezifischen Führungsanforderungen und ihre Adressierung in dem tatsächlichen Führungsverhalten (Dickson et al. 2012; Festing et al. 2011). Ohne diese Anpassungsprozesse an die kulturell vorherrschenden Führungserwartungen ist davon auszugehen, dass die Führung mangels Akzeptanz scheitern wird (Lang 2014a, S. 439 und 440).

4.4　Megatrend Female-Shift

Eine Vielzahl von Untersuchungen haben ergeben, dass der Prototyp einer erfolgreichen Führung vor allem männliche Attribute aufweist (Powell und Butterfield 1979; Graves und Powell 1982; Gmür 2004). Weibliche Attribute spielen nur eine untergeordnete Rolle, sodass implizite Führungstheorien nicht geschlechtsneutral sind (Rybnikova 2014a, S. 397). Einflussversuche männlicher Führung sind infolge höherer Akzeptanz durch die Geführten in der Regel erfolgreicher als Führungsansprüche weiblicher Führungspersonen (Carli 2001; Joshi 2014).

Mit Verweis auf den Megatrend Female Shift ist davon auszugehen, dass der traditionell männlich geprägte Prototyp der Führung zukünftig durch weichere

Attribute ersetzt und aufgewertet wird (Krell und Weiskopf 2006, S. 80). Das postheroische Führungsverständnis mit dem Fokus einer Führung auf Augenhöhe kann zu einer Abschwächung der Zuschreibung männlicher Attribute führen (Krell 2008, S. 320), weil die zukünftig benötigten Eigenschaften eher Frauen zuzuordnen sind (schlussfolgernd aus: Van Vugt 2012, S. 167 f.). So ist der weibliche Führungsstil gekennzeichnet durch folgende Charakteristika (Rosener 1990):

- Fokus auf Partizipation und Beteiligung der Mitarbeiter
- Macht- und Informationsteilung mit Mitarbeitern
- Erhöhung des Selbstwertes der Mitarbeiter
- Motivierung der Mitarbeiter

Insbesondere in neuen Arbeitsformen abseits der Hierarchie dürften diese Merkmale ihre volle Wirkung entfalten und eine Erwartungshaltung der Mitarbeiter darstellen. Auch die Meta-Studie von Eagly und Karau (1991) unterstützen diese Aussage. Sie fanden heraus, dass sich eine Emergenz weiblicher Führung in führerlosen Gruppen regelmäßig ergibt, wenn die Gruppen auf längere Sicht bestehen und sozial anspruchsvolle Aufgaben zu meistern sind.

4.5 Megatrend Demografie und Wertewandel

In der Unternehmenspraxis treffen nicht selten drei Generationen[4] mit unterschiedlichen arbeitsbezogenen Verhaltensweisen, Fähigkeiten, Wertesystemen und Bedürfnissen aufeinander. Der Wandel und die Vielfalt der Wünsche und Erwartungen dieser Mehr-Generationen-Belegschaften (zum Begriff siehe Klaffke 2014, S. 6) wird nach einer Studie[5] der Bertelsmann Stiftung et al. (Bertelsmann Stiftung und Mercer 2012) als die größte Veränderung wahrgenommen, die der

---

[4]Eine allgemeingültige Generationen-Gliederung hat sich für die Arbeitswelt in Deutschland noch nicht herausgebildet (Klaffke 2014, S. 10 f.). „Oftmals wird die US-amerikanische Generationen-Systematik herangezogen, die in der Regel aktuell vier Generationen unterscheidet (etwa Filipczak et al. 2000; Lancaster und Stillman 2002): die Traditionalisten (geboren ca. 1928 bis 1945), die Baby Boomer (geboren zwischen 1945 und 1964), die Generation X (geboren zwischen 1965 und 1979) sowie die Generation Y". Neuerdings tritt auch die Generation Z auf den Arbeitsmarkt ein.

[5]An der Befragung nahmen 200 Unternehmen aus Deutschland, Österreich und der Schweiz teil.

demografische Wandel im Unternehmen neben der zunehmenden Vielfalt der Altersstruktur herbeiführt (siehe Abb. 4.2). Diese Ergebnisse unterstreichen die Forderung, dass Führung stärker auf die unterschiedlichen Bedürfnisse der einzelnen Altersgruppen eingehen muss (zu den Auswirkungen der Multigenerationen siehe Jurkiewcz und Brown 1998; Kupperschmidt 2000; Macky et al. 2008), um Führungsakzeptanz herzustellen.

Insbesondere die junge Arbeitnehmergruppe, die nach Ausbildung und Studium aktuell in das Erwerbsleben eintritt, verhält sich ersten Studien zufolge anders als Mitarbeiter vorheriger Generationen (Johnson Controls 2010; Forrester 2006) und bringen andere prototypische Erwartungen an eine Führung mit als Vorgängergenerationen (siehe Abb. 4.2).

„Der berufliche Erfolg der Generation X und der Babyboomer beruht darauf, dass sie sich und ihr Lebenskonzept häufig den Arbeitsanforderungen untergeordnet haben. Bei Mehrbelastung führt diese Abhängigkeit zu Frustration, was in minderer Leistungsfähigkeit und mangelnder Wertschätzung resultiert und bis zur inneren Kündigung gehen kann. (…) Das Belohnungskonzept für die Netzwerk-Generation hingegen ist die aktive Mitwirkung an einem interessanten Projekt und die Wertschätzung der Community. So lehnen viele Digital Natives das Arbeitsethos der älteren Mitarbeiter ab, das Fleiß und Gehorsam vorsieht. Für sie zählen stattdessen Erfahrung und Respekt – auf Augenhöhe. Sie wollen schneller eigenverantwortlich arbeiten, statt kritischer Kontrolle wünschen sie konstruktives Feedback" (Gebhard et al. 2015, S. 9).

Erwartungen an die Führung	
Baby Boomer	**Generation Y**
• Akzeptanz von Hierarchien und Führung aufgrund Positionsmacht	• Kaum Akzeptanz von Hierarchien und Führung aufgrund Positionsmacht
– Klare Anweisungen	– Überzeugung notwendig
– Hohe Ausführungsbereitschaft	– Hohe Partizipationserwartung
• Kommunikation und Kooperation	– Autonomie, Verantwortung
– face-to-face	• Kommunikation und Kooperation
– Einhaltung von Dienstwegen	– face-to face und virtuell
	– Kommunikation auf Augenhöhe
	• Karriere, Weiterbildung, Gehalt sind wichtig
	• Work-life-balance und Kollegialität sind wichtiger

Abb. 4.2 Erwartungen der Generationen

Neue Generationen spüren durch den Fachkräftemangel weniger Anpassungs-druck, fordern verstärkt Partizipationsmöglichkeiten und bevorzugen demokratische Führungsverständnisse (Weibler 2016, S. 579; Weibler 2008). Arbeitsaufträge werden nach Sinnhaftigkeit und persönlichem Lerninteresse beurteilt mit der Konsequenz, dass sie das Unternehmen verlassen, wenn sie beides nicht erfüllt sehen.

Die Bedeutsamkeit veränderter Generationenerwartungen für den Führungsprozess wird verstärkt durch die beginnende Schrumpfung der Bevölkerung, sodass wenig qualifiziertes Personal „nachwächst" und ein Fachkräftemangel entsteht. Dies wiederum impliziert eine Veränderung der Marktmacht der Bewerber auf dem Arbeitsmarkt. Bewerber können – anders als bisher – verstärkt ihre Mitarbeitererwartungen an die Führung in den Fokus des Bewerbungsprozesses stellen (siehe auch Moser 2018).

4.6   Megatrend Flexibilisierung

Unternehmen benötigen eine hohe strukturelle und prozessuale Flexibilität, um in einer dynamischen Unternehmensumwelt wettbewerbsfähig zu bleiben. Diese erhalten sie durch die „Hybridisierung von Managementsystemen" (Remer 2001, S. 358 ff.), indem sie die hierarchische Primärorganisation um teambasierte, heterarchische Elemente in einer Sekundär- bzw. Parallelorganisation ergänzen (Moser 2017). Diese hybride Organisation als Mischform diametraler Organisationsprinzipien verbindet die Vorteile formeller Fremdorganisation sowie informeller Selbstorganisation (Reiss 2013, S. 13) und dient der Bearbeitung komplexer, innovativer und systemübergreifender Aufgabenstellungen.

Dickson et al. (2006) haben gezeigt, dass Führungsprototypen in mechanistischen, auf starken Hierarchien aufbauende Unternehmen andere sind als in organischen, hierarchiefreien oder -ärmeren Unternehmen (Dickson et al. 2006). Dies ist darauf zurückzuführen, dass die Organisationsmitglieder geteilte Vorstellungen von einer guten Führung haben (Dickson et al. 2006, S. 499). Die Mitglieder in mechanistischen Organisationen bevorzugen einen autokratischen bzw. bürokratischen Führungsstil, sodass die Führung vornehmlich auf der Basis der hierarchischen Stellung erfolgt. Dagegen erwarten Mitglieder organischer Unternehmen eher eine transformationale und rücksichtsvolle sowie unterstützende Führung (Dickson et al. 2006, S. 499 f.). Dabei ist die Organisationsstruktur verantwortlich für die Entwicklung geteilter Führungs-Prototypen. Soweit ein Unternehmen demnach den Wandel hin zu einer Netzwerkstruktur bzw. einer hierarchiefreien oder -armen Organisationsform vollziehen will, ist es notwendig, den gemeinsam geteilten Prototypen durch Reorganisation der Unternehmensstrukturen zu verändern.

Implikationen einer geführtenzentrierten Sicht

5

5.1 Implikationen für die Personalführung

Mitarbeiter haben zum Teil äußerst heterogene Vorstellungen über die Eigenschaften und Verhaltensweisen einer idealen Führungskraft, die sich zudem situativ verändern und dann wiederum zu neuen Handlungskonsequenzen führen können. „Wenn Führung zumindest zu einem gewissen Anteil in den Köpfen der Mitarbeiter stattfindet, dann ist es geboten aufzudecken, was diese denken" (Lord und Emrich 2000, S. 551). „Führungskräfte müssen sich (…) unweigerlich die Frage stellen, wie sich Mitarbeiter freiwillig führen lassen" (Van Quaquebeke und Brodbeck 2008, S. 70) und sind angehalten, sich mit den impliziten Führungstheorien ihrer Geführten auseinander zu setzen. Anhand der gewonnenen Erkenntnisse ist es ihnen möglich, das eigene Führungsverhalten daran auszurichten und in Kongruenz zu dem Prototyp zu agieren (Lord und Maher 1993, S. 64; Stock-Homburg und Özbeck-Potthoff o. J., S. 9). Es ist angezeigt, seitens der Führungskräfte ein Bewusstsein für die individuellen Erwartungen und das Mindset der Geführten zu schaffen (Seele 2016, S. VII). Diese Sensibilisierung kann etwa über Coachings oder Workshops stattfinden.

Da implizite Führungstheorien als implizites Wissen in Köpfen entstehen, können sie erst im dialogischen Austausch aufgedeckt und einer Veränderung der Führungssituation zugänglich gemacht werden. In der Konsequenz sollten regelmäßige Mitarbeitergespräche eher die Regel als die Ausnahme sein. Ihr Ziel ist es, in Abhängigkeit von Person und Situation und den daraus resultierenden Erwartungen individuelle und geeignete Interaktionsstrategien zu entwickeln und einzusetzen, um einen gezielten Einfluss geltend zu machen (umgekehrt für Führungskräfte, siehe Neubauer 1986, S. 75). Führende sollten Mitarbeiter ermuntern, ihre Erwartungen und auch Erwartungsenttäuschungen offen und angstfrei

© Springer Fachmedien Wiesbaden GmbH, ein Teil von Springer Nature 2019   27
M. Moser, *Führungsakzeptanz im Wandel*, essentials,
https://doi.org/10.1007/978-3-658-25400-1_5

Machtbasen	
Positionsmacht	**Personenmacht**
– Amtsautorität	– Expertenmacht
– Belohnungsmacht	– Überzeugungsmacht
– Bestrafungsmacht	– Identifikationsmacht
– Informationsmacht	– Charismatische Macht
– Situationsgestaltungsmacht	

Abb. 5.1 Quellen der Einflussversuche

zu kommunizieren. Dies legt ein reflexives Führungsverhalten nahe und setzt eine ausgeprägte Vertrauenskultur voraus. Das 90 Grad-Feedback für Führungskräfte kann ein probates Mittel zur Abfrage von Mitarbeitererwartungen sein.

Wichtig ist zu betonen, dass sich die Quellen akzeptierter Einflussversuche verändern (zu den Quellen siehe Abb. 5.1). Während sich Vorgesetzte in der Hierarchie lange Zeit auf ihre Positionsmacht zurückziehen konnten, wird aufgrund veränderter Mitarbeitererwartungen[1] und der Organisationsveränderungen vor allem die Personenmacht einen Bedeutungszuwachs erfahren. Sie entsteht durch besondere Expertise, die Überzeugung der Mitarbeiter mit fundierten Argumenten, aus der Identifikation der Mitarbeiter mit der Führungsperson oder aufgrund ihres besonderen Charismas.

Zudem sollte das Phänomen der Duplizität von Führungs- und Geführtenrolle (Aretz 2007, S. 8; Bergler 1987, S. 398) bei der Offenlegung von Erwartungen besonderes Augenmerk erhalten. Führungspersonen werden in Hierarchien nicht nur von den Erwartungen ihrer Mitarbeiter beeinflusst, sondern auch von den Vorstellungen ihrer Vorgesetzten. Sie können erheblich von den Mitarbeitererwartungen abweichen. Ähnliche Rollenkonflikte entstehen in hierarchielosen Organisationen, da Organisationsmitglieder flexibel – je nach Situation – die Geführten- und Führungsrolle einnehmen. Insbesondere in Fällen, in denen das eigene Führungsverständnis mit den Erwartungen an die Führungsrolle kollidiert, können erhebliche Schwierigkeiten auftreten. Das Spannungsfeld gegensätzlicher

---

[1]Vgl. dazu die Ausführungen in Kap. 4.

Anforderungen und Erwartungen verlangt Führungskräften eine hohe Widerspruchstoleranz ab (Moser 2017a). Diese Toleranz ist über geeignete Maßnahmen aufzubauen.

5.2   Implikationen für das Personalmanagement

Ein weiteres Anwendungsfeld impliziter Führungstheorie ist die Personalauswahl (Graf und Van Quaquebeke 2012, S. 300). Da die Führungserwartungen der Mitarbeiter eine zentrale Rolle für die Akzeptanz der Führung und damit für den Führungserfolg haben, bietet es sich an, sie wesentlich stärker in den Auswahlprozess von Führenden einzubeziehen und die Erwartungen an die Führung im Vorhinein abzufragen (Lang 2014, S. 82). Die Partizipation an der Personalauswahl kann dabei unterschiedlich ausgeprägt sein. Sie kann etwa die Wahl der Führungsperson, die bloße Anhörung oder Beratung oder ein Vetorecht gegen eine mögliche Führungsperson beinhalten. Alternativ kann den Geführten die Möglichkeit gewährt werden, eine Führungsperson vorzuschlagen. Nur über solche Maßnahmen kann die Unterstützung der Geführten sichergestellt werden, die vor allem in Zeit von Krisen und Umbrüchen zunehmend benötigt wird. Die Beteiligung der Mitarbeiter an der Personalauswahl dokumentiert ein positives Menschenbild, denn es wird unterstellt, dass die Mitarbeiter gut und sinnvoll arbeiten wollen und in der Lage sind, den zu diesem Ziel passenden Kandidaten auszuwählen (Van Quaquebeke und Graf 2015, S. 14).

Aber auch in der Führungskräfteentwicklung lässt sich die geführtenzentrierten Sichtweise nutzbringend berücksichtigen, indem die Attribute einer wirksamen Führung erfragt und in das Entwicklungsprogramm eingebracht werden (Graf und Van Quaquebeke 2012, S. 301; Lord und Maher 1993, S. 64). Selbst bei Austrittsgesprächen infolge von Kündigung können die Gründe für die Kündigung eruiert und die Ursachen für aufgetretene Erwartungsenttäuschungen aufgedeckt werden.

Weiterhin sind Implikationen für das Personalmanagement aus den kognitiven Prozessen der Schlussfolgerung ableitbar. Wie dargestellt, werden saliente Unternehmenserfolge und -misserfolge regelmäßig den Führungskräften zugeschrieben. Dieser kausale Zusammenhang ist aber nicht immer haltbar. Daher sollten Führungskräfte weder vorschnell gefeiert noch vorschnell gefeuert werden (Van Quaquebeke und Graf 2015, S. 15 f.). Anstelle dessen sind die situativen Faktoren für den Erfolg bzw. Misserfolg zu eruieren. Ein stabiler Zusammenhang zwischen Führungsmisserfolg und Führungsverhalten ist vorzuweisen, bevor personelle Konsequenzen getroffen werden. Diese Wirkzusammenhänge gilt es aufzudecken und transparent zu machen.

Abschließend sind die Erwartungen der Mitarbeiter an Führungskräfte im Rahmen der Entwicklung und Einführung von Führungsgrundsätzen zu berücksichtigen. Sie haben zumeist das Ziel, das Verhalten von Führungskräften untereinander und gegenüber ihren Mitarbeitern zu normieren (Aretz 2007, S. 2). Regelmäßige Mitarbeitergespräche[2], die den Mitarbeiter mit seinen individuellen Leistungen, Bedürfnissen und Entwicklungspotenzialen in den Vordergrund stellen, runden die Liste der Empfehlungen ab. Dabei ist die Frequenz der Gespräche zu erhöhen, um die leistungssteigernden Faktoren regelmäßig thematisieren zu können. Führungskräfte dürfen daher nur eine überschaubare Anzahl an Mitarbeitern haben.

Die Qualität der Interaktion in Mitarbeitergesprächen spielt dabei eine wichtige Rolle. Sie wird geprägt durch eine bewusste und authentische Körpersprache sowie Zuhören und Verstehen durch die Führung.

---

[2]Vgl. zu diesen Maßnahmen die Handlungsempfehlungen der Gallup-Studie 2016.

Kritische Würdigung 6

Vor dem Hintergrund der Austauschtheorie (etwa Leadership-Member-Exchange, LMX) ist kritisch anzumerken, dass Führungspersonen ungenügende – vor allem zeitliche – Ressourcen haben, um allen Mitarbeitern die gleiche Aufmerksamkeit zu schenken. Nach der sozialen Austauschtheorie der Führung unterteilt die Führung die Geführten in eine Innengruppe (in-group) und eine Außengruppe (out-group) (Dansereau et al. 1975). Die Führungskraft pflegt zu der Innengruppe intensivere Austauschbeziehungen als mit der Außengruppe, zu der sie ein deutlich distanziertes Verhältnis unterhält und in die sie weniger Zeit investiert. Die Zuordnung zu einer der beiden Gruppen wird häufig mit dem Verhalten der Mitarbeiter selbst begründet. Während dem Innenkreis solche Mitarbeiter angehören, die über eine hohe Leistung, ein ausgeprägtes Engagement und Verantwortungsbewusstsein sowie Loyalität verfügen und Aufgaben außerhalb ihres Tätigkeitskreises übernehmen, beschränken sich die Mitarbeiter des äußeren Kreises auf die vorgeschriebenen Aufgabenstellungen und Tätigkeitsbereiche (Zalesny und Graen 1995, S. 868 f.).

Auf der Basis impliziter Führungstheorien ist zu überlegen, inwieweit dieses zurückgezogene und leistungseinschränkende Verhalten von Mitarbeitern des äußeren Kreises auf enttäuschte Mitarbeitererwartungen zurückzuführen ist. Immerhin verfestigt sich insbesondere auf der Basis neuerer Forschung die Annahme, dass eine Unterteilung in in- und out-group sich längst überholt hat und Führungspersonen in der Lage sind, grundsätzlich mit vielen Geführten eine hochwertige Austauschbeziehung einzugehen. Das Argument zeitlicher Begrenztheit von Führungskräften zieht immer weniger.

© Springer Fachmedien Wiesbaden GmbH, ein Teil von Springer Nature 2019   31
M. Moser, *Führungsakzeptanz im Wandel*, essentials,
https://doi.org/10.1007/978-3-658-25400-1_6

Fazit

Akzeptanz ist eine subjektive Größe und kann nicht erzwungen werden (Lucke 1995, S. 104). Es gibt deshalb keine Garantie, dass eine bestimmte Intervention bei allen Angesprochenen gleichermaßen zu einer höheren Akzeptanz führt. Interventionen tragen nur dann erheblich zur Steigerung der Akzeptanz bei, wenn sie gut auf die jeweilige(n) Zielgruppe(n) abgestimmt sind und kompetent umgesetzt werden. Es scheint konsequent, zukünftig immer mehr von dem Gedanken der Generalität des Führungsverhaltens – quasi von einem für alle Mitarbeiter und Situationen konstanten Führungsverhalten – abzuweichen (Neubauer 1986, S. 76; ähnlich Schermuly 2016, S. 86). „Die Lösung liegt in einer transparenteren Kommunikation (…), einem kontinuierlichen individuelleren Austausch über die wechselseitigen Erwartungen – auch in Bezug auf die persönliche Entwicklung – und allgemein in einer stärkeren Belohnung für unternehmerisches Denken" (Gebhardt et al. 2015, S. 33). Insbesondere in kritischen und turbulenten Arbeitsphasen ist es notwendig, eine offene Feedbackkultur zu gestalten und dauerhaft in Gang zu halten. Das funktioniert nur, wenn Mitarbeiter und Führungskraft insbesondere in Bezug auf strategische und unternehmenspolitische Themen auf einem ähnlichen Wissensstand sind. Die Mitarbeiter brauchen eine Vorstellung davon, wohin das Unternehmen steuert und in welchem Kontext ihre Arbeit steht, um einschätzen zu können, was sie idealerweise erwarten, beitragen und für sich daraus lernen können.

Gleichermaßen erscheint es angemessen, dass Führungspersonen ihre eigenen prototypischen Vorstellungen über ihre Geführten (geführtenzentrierte, implizite Theorien) überdenken. Akzeptanzhemmnisse können bekanntlich auch durch Interessenkonflikte der involvierten Parteien entstehen. Es ist über entsprechende Forschung sichere Erkenntnis, dass ein bestimmtes Geführtenbild Auswirkungen auf das Führungsverhalten hat. So hat Sy in seiner Studie (2010) festgestellt, dass

© Springer Fachmedien Wiesbaden GmbH, ein Teil von Springer Nature 2019 33
M. Moser, *Führungsakzeptanz im Wandel*, essentials,
https://doi.org/10.1007/978-3-658-25400-1_7

implizite Theorien seitens der Führungskräfte Einfluss auf deren Führungsstil und die Art und Weise haben, wie sie Führungssituationen wahrnehmen und interpretieren. Infolgedessen haben positive prototypische Vorstellungen einen positiven Einfluss auf die Führungsbeziehung und negative prototypische Vorstellungen einen entsprechenden negativen Einfluss. Es ist daher an der Zeit, die wechselseitigen Erwartungen von Führenden und Geführten offenzulegen und regelmäßig zu besprechen. Das Fazit der Untersuchung besteht in der Überlegung, „(…) dass Führende und Geführte stärker (…) als zuvor ein gemeinsames Verständnis für ein erfolgreiches Miteinander finden müssen und dass sich beide, insbesondere natürlich die Führenden, auf veränderte Führungssituationen flexibel einzustellen haben" (Weibler 2016, S. 470, ähnlich auch Schettgen 1991, S. 77).

Zusammenfassend ist festzuhalten, dass Führungskräfte sich zunehmend die Frage stellen müssen, welche Erwartungen der einzelne Mitarbeiter an die Führung besitzt und welche spezielle Führung er benötigt. Dabei befindet sich die Führungskraft in einem Spannungsfeld aus veränderten Bedingungen der Organisation und einem durch Megatrends veränderten Verständnis der Führung. Vor diesem Hintergrund benötigen Führende eine ausgeprägte Lern- und Selbstführungskompetenz. Es ist leicht vorstellbar, dass sie dabei paradoxe und widersprüchliche Situationen zu bewältigen hat. Wenn alle „mitgenommen" werden sollen, muss sich die Führungsperson quasi „zerreißen" und läuft Gefahr, als Protagonist des Wandels selbst unglaubwürdig zu werden. Schreitet sie dagegen mit überzeugten Pionieren als Vorbild für die neue Arbeitskultur voran und unterstützt nur diejenigen, die willentlich mitziehen, droht die Abspaltung derer, die sich durch die Neuerungen schlechter gestellt oder überfordert fühlen. Vor dem Hintergrund widersprüchlicher Anforderungen benötigen Führungskräfte eine hohe Widerspruchstoleranz, denn die Anforderungen an sie sind heterogen und individuell. Es gibt kein Allheilmittel, das für alle Erwartungen der Geführten gleichermaßen gilt. Vielmehr ist der Einzelfall zugrunde zu legen, der ein individuelles Führungsverhalten erforderlich macht. „Individuelle Berücksichtigung bedeutet Mitarbeiter in ihrer Einzigartigkeit wertzuschätzen und sich immer wieder einzeln auf sie einzustellen (…)" (Schermuly 2017, S. 86).

Was Sie aus diesem *essential* mitnehmen können

- Megatrends werden zukünftig eine enorme Auswirkung auf die Wirksamkeit der Führung haben.
- Vor dem Hintergrund der Megatrends ist es für eine wirksame Führung bedeutsam, Führungsakzeptanz herzustellen.
- Führungsakzeptanz kann erreicht werden, indem die Erwartungen der Mitarbeiter durch ihre Führungskraft erfüllt werden.
- Die Erwartungen werden sich infolge diverser Megatrends sehr stark wandeln und immer individueller.
- Führungskräfte erhalten Anregungen, ihr eigenes Führungsverständnis zu reflektieren und gegebenenfalls anzupassen.

© Springer Fachmedien Wiesbaden GmbH, ein Teil von Springer Nature 2019 35
M. Moser, *Führungsakzeptanz im Wandel*, essentials,
https://doi.org/10.1007/978-3-658-25400-1

Literatur

Ansorge, U., & Leder, H. (2017). *Wahrnehmung und Aufmerksamkeit* (2. Aufl.). Wiesbaden: Springer.

Antonakis, J., & Atwater, L. (2002). Leader distance: A review and a proposed theory. *The Leadership Quarterly, 13*(6), 673–704.

Aretz, W. (2007). *Subjektive Führungstheorien und die Umsetzung von Führungsgrundsätzen im Unternehmen. Eine Analyse bisheriger Forschungsansätze, Modellentwicklung und Ergebnisse einer empirischen Untersuchung.* Köln: Kölner Wissenschaftsverlag.

Arvey, R. D., Zhang, Z., Avolio, B. J., & Krueger, R. F. (2007). Developmental and genetic determinants of leadership role occupancy among women. *Journal of Applied Psychology, 92*(3), 693–706.

Avolio, B. J., Kahai, S., & Dodge, G. E. (2000). E-leadership: Implications for theory, research, and practice. *The leadership quaterly, 11*(4), 615–668.

Bales, R. (1950). *Interaction process analysis. A method for the study of Small groups.* Chicago: University of Chicago Press.

Balthazard, P. A., Waldmann, D. A., & Atwater, L. E. (2008). The mediating effects of Leadership and interaction style in face-to-face and virtual teams. In S. P. Weisband (Hrsg.), *Leadership at a distance: Research in technologically-supported work* (S. 127–150). New York: Psychology Press.

Balthazard, P. A., Waldman, D. A., & Warren, J. E. (2009). Predictors oft he emergence of transformational leadership in virtual decision teams. *The Leadership Quarterly, 20*(5), 651–663.

Bass, B. M., & Riggio, R. E. (2006). *Transformational leadership* (2. Aufl.). Mahwah: Psychology Press.

Baumgarten, R. (1977). *Führungsstile und Führungstechniken* (1. Aufl.). Berlin: DeGruyter.

Bergler, R. (1987). *Psychologie in Wirtschaft und Gesellschaft. Defizite, Diagnosen, Orientierungshilfen* (2. Aufl.). Köln: Deutscher Instituts-Verlag.

Bertelsmann Stiftung., & Mercer. (2012). Den demografischen Wandel im Unternehmen managen -Ergebnisbericht einer Studie von Mercer und der Bertelsmann Stiftung. http://www.bertelsmann-stiftung.de/fileadmin/files/BSt/Presse/imported/downloads/xcms_bst_dms_35961_35962_2.pdf.

© Springer Fachmedien Wiesbaden GmbH, ein Teil von Springer Nature 2019 37
M. Moser, *Führungsakzeptanz im Wandel*, essentials,
https://doi.org/10.1007/978-3-658-25400-1

Bierhoff, H. W., & Frey, D. (2011). *Sozialpsychologie – Individuum und soziale Welt.* Göttingen: Hogrefe.

Bligh, M. C., Kohles, J. C., & Pillai, R. (2011). Romancing leadership: Past, present and future. *The Leadership Quarterly, 22*(6), 1058–1077.

Bohulskyy, Y., Erlinghagen, M., & Scheller, F. (2011). Arbeitszufriedenheit in Deutschland sinkt langfristig. Auch geringe Arbeitszufriedenheit im europäischen Vergleich. IAQ-Report 2011-03. http://www.iaq.uni-due.de/iaq-report/2011/report2011-03.pdf.

Brehm, J. W. (1966). *A theory of psychological reactance.* New York: Academic.

Brodbeck, F. C. (2008). Leadership in organizations. In N. Chmiel (Hrsg.), *An introduction to work and organizational psychology. A European perspective* (2. Aufl., S. 281–304). Malden: Blackwell Publishing.

Calder, B. J. (1977). An attribution theory of leadership. In B. M. Staw & G. R. Salancik (Hrsg.), *New directions in oganizational behavior* (S. 179–204). Chicago: Clair.

Carli, L. L. (2001). Gender and social influence. *Journal of Social issues, 57*(4), 725–741.

Cassels, A., & Green, P. (1995). Wahrnehmung. In J. Gerstenmaier (Hrsg.), *Einführung in die Kognitionspsychologie* (S. 41–90). München: Ernst Reinhardt-Verlag.

Daft, R. L., & Lengel, R. H. (1986). Organizational information requirements, media richness and structural design. *Management Science, 32*(5), 554–571.

Dansereau, F., Graen, G., & Haga, W. J. (1975). A vertical dyad linkage approach to leadership within formal organizations: A longitudinal investigation of the role making proecess. *Organizational Behavior and Human Performance, 13*(1), 46–78.

DeRue, D. S. (2011). Adaptive leadership theory: Leading and following as a complex adaptive process. *Research in Organizational Bahavior, 31,*125–150.

DeRue, D. S., Nahrgang, J. D., Wellmann, N., & Humphrey, S. E. (2011). Trait and behavioral theories of leadership: An integration and meta-analytic test of their relative validity. *Personnel Psychology, 64*(1), 7–52.

Dickson, M. W., Resick, C. J., & Hanges, P. J. (2006). Systematic variation in organizationally-shared cognitive prototypes of effective leadership based on organizational form. *The Leadership Quarterly, 17*(5), 487–505.

Dickson, M. W., Castano, N., Magomaeva, A., & Den Hartog, D. N. (2012). Conceptualizing leadership across cultures. *Journal of World Business, 47*(4), 483–492.

Doppler, Lauterburg. (2014). *Widerstand im Change-Management Prozess.* Kindle-Edition: Campus.

Eagly, A. H., & Karau, S. J. (1991). Gender and emergence of leadership. A meta-analysis. *Journal of personality and social psychology, 60*(5), 685–710.

Eichenberg, T. (2007). *Distance leadership: Modellentwicklung, empirische Überprüfung und Gestaltungsempfehlungen* (1. Aufl.). Wiesbaden: Deutscher Universitäts-Verlag.

Epitropaki, O., & Martin, R. (2005). From ideal to real: A longitudinal study of the role of implicit leadership theories on leader-member exchanges and employee outcomes. *Journal of Applied Psychology, 90*(4), 659–676.

Felfe, J. (2005). Personality and romance of leadership. In B. Schyns & J. R. Meindl (Hrsg.), *Implicit leadership theories: Essays and explorations. The leadership horizons series* (S. 199–225). Greenwich: Information Age Publishing.

Felfe, J. (2009). Mitarbeiterführung. Praxis der Personalpsychologie. Human resource management kompakt. Bd. 20. Göttingen: Hogrefe.

Felfe, J., & Schyns, B. (2006). Personality and the perception of transformational leadership: The impact of extraversion, neuroticism, personal need for structure, and occupational self-efficacy. *Journal of applied social psychology, 36*(3), 708–739.

Festing, M., & Maletzky, M. (2011). Cross-cultural leadership adjustment: A multilevel framework based on the theory of structuration. *Human Resource Management Review, 21*(3), 186–200.

Fiol, C. M., Harris, D., & House, R. (1999). Charismatic leadership: Strategies for effeciting social change. *The Leadership quarterly, 10*(3), 449–482.

Fischbein, R., & LORD, R. G. (2004). Implicit leadership theories. In G. R. Goethals, G. J. Sorenson, & J. MacGregor Burns (Hrsg.), *Encyclopedia of leadership* (S. 700–706). Thousand Oaks: Sage.

Flassbeck, H. (1994). Zukunft und Erwartungen im Kontext der ökonomischen Theorie. In E. Holst, J. P. Rinderspacher, & J. Schupp (Hrsg.), *Erwartungen an die Zukunft. Zeithorizonte und Wertewandel in der sozialwissenschaftlichen Diskussion* (S. 107–118). Frankfurt: Campus.

Forrester. (2006). *Is Europe ready for the millennials? Innovate to meet the needs of the emerging generation.* Cambridge.

Furtner, M. (2017). *Empowering leadership: Mit selbstverantwortlichen Mitarbeitern zu Innovation und Spitzenleistungen. essentials.* Wiesbaden: Springer Gabler.

Gaugler, E. (1993). Paradigmenwechsel in der Organisation und Qualifizierung von Mitarbeitern. In H. Scharfenberg (Hrsg.), *Strukturwandel in Management und Organisation – Neue Konzepte sichern die Zukunft* (S. 91–102). Heidelberg: FBO-Verlag.

Gebhard, B., Hoffmann, J., & Roehl, H. (2015). Zukunftsfähige Führung. Die Gestaltung von Führungskompetenzen und -systemen. https://www.bertelsmann-stiftung.de/de/ publikationen/publikation/did/zukunftsfaehige-fuehrung/.

Gmür, M. (2004). Was ist ein „idealer Manager" und was ist eine „ideale Managerin"? Geschlechtsrollenstereotypen und ihre Bedeutung für die Eignungsbeurteilung von Männern und Frauen in Führungspositionen. *Zeitschrift für Personalforschung, 18*(4), 396–417.

Grabitz, G. (1969). *Experimentelle Untersuchungen zu einigen einschränkenden Bedingungen für das Auftreten von psychologischer Reaktanz.* Dissertation, Mannheim.

Graf, M. M., & Van Quaquebeke, N. (2012). Führung aus Sicht der Geführten verstehen: Denn wem nicht gefolgt wird, der führt nicht. In S. Grote (Hrsg.), *Die Zukunft der Führung* (S. 291–306). Berlin: Springer Gabler.

Gräser, P. (2013). *Führen lernen.Der Weg zur Führungskompetenz und zur persönlichen Karriere-Strategie.* Wiesbaden: Springer Gabler.

Graves, L. M., & Powell, G. N. (1982). Sex differences in implicit theories of leadership: An initial investigation. *Psychological Reports, 50*(3), 689–690.

Groeben, N., & Scheele, B. (1982). Einige Sprachregelungsvorschläge für die Erforschung subjektiver Theorien. In H. D. Dann, W. Humpert, F. Krause, & K. C. Tennstädt (Hrsg.), Analyse und Modifikation subjektiver Theorien von Lehrern. Ergebnisse und Perspektiven eines Kolloquiums. Zentrum I Bildungsforschung, Sonderforschungsbereich 23, Forschungskonzept 43, S. 13–39.

Hanges, P. J., Lord, R. G., & Dickson, M. W. (2000). An Information-processing perspective on leadership and culture: A case for connectionist architecture. *Applied Psychology, 49*(1), 133–161.

Hauser, B. (2013). Wo ist die Führungs-KRAFT? Management, leadership, shared leadership und die Evolution der Führungsrolle. In M. Landes & E. Steiner (Hrsg.), *Psychologie der Wirtschaft: Psychologie für die berufliche Praxis* (S. 279–295). Wiesbaden: Springer.

Hertel, G., & Laurens, L. (2012). Führung auf Distanz und E-Leadership – die Zukunft der Führung? In Grote, S. (Hrsg.), *Die Zukunft der Führung* (S. 103–118). Berlin: Springer-Verlag.

Horx, M. (2014). *Das Megatrend-Prinzip. Wie die Welt von morgen entsteht.* 1. Aufl. München: Pantheon-Verlag.

Hunt, J. G. (1984). Managerial behaviour form a „radical" perspective. In J. G. Hunt, D. M. Hosking, C. A. Schriesheim, & R. Steward (Hrsg.), *Leaders and managers. International perspectives on managerial behavior and leadership* (S. 275–277). New York: Pergamon.

Jarvenpaa, S. L., & Tanriverdi, H. (2003). Leading virtual knowledge networks. *Organizational Dynamics, 31*(4), 403–412.

Johnson Controls. (2010). Generation Y and the workplace annual report 2010. London.

Joshi, A. (2014). By whom and when is women´s expertise recognized? The interactive effects of gender and education in science and engineering teams. *Administrative Science Quarterly, 59*(2), 202–239.

Jurkiewicz, C. L., & Brown, R. G. (1998). GenXers vs boomers vs matures: Generational comparisons of public employee motivation. *Review of Public Personnel administration, 18*(4), 18–37.

Kayworth, T. R., & Leidner, D. E. (2001). Leadership effectiveness in global virtual Teams. *Journal of Management Information Systems, 18*(3), 7–40.

Kehr, H. M. (2000). Die Legitimation von Führung. Ein Kleingruppenexperiment zum Einfluß der Quelle der Autorität auf die Akzeptanz des Führers, den Gruppenprozeß und Effektivität. Berlin: Duncker & Humblot-Verlag.

Keller, T. (2003). Parental images as a guide to leadership sensemaking: An attachment perspective on implicit leadership theories. *The Leadership Quarterly, 14*(2), 141–160.

Keller, T. (1999). Images of the familiar: Individual differences and implicit leadership theories. *The Leadership Quarterly, 10*(4), 589–607.

Kellermann, B. (2012). *The end of leadership.* New York: Harper Business-Verlag.

Kenney, R. A., Blascovich, J., & Shaver, P. R. (1994). Implicit leadership theories: Protypes for new leaders. *Basic and Applied Social Psychology, 15*(4), 409–438.

Kerr, N. L., & Stanfel, J. A. (1993). Role schemata and member motivation in task groups. *Personality and Social Psychology Bulletin, 19*(4), 432–442.

Klaffke, M. (2014). Erfolgsfaktor Generationen-Management – Handlungsansätze für das Personalmanagement. In M. Klaffke (Hrsg.), *Generationen-Management Konzepte, Instrumente, Good-Practice-Ansätze* (S. 1–25). Wiesbaden: Springer Gabler.

Klocke, U., & Mojzisch, A. (2012). Dialektische Führung: Förderung von Dissens als Führungsaufgabe. In S. Grote (Hrsg.), *Die Zukunft der Führung* (S. 491–512). Berlin: Springer.

Kollmann, T. (1998). Akzeptanz innovativer Nutzungsgüter und-systeme: Konsequenzen für die Einführung von Telekommunikations- und Multimediasystemen. Reihe Neue betriebswirtschaftliche Forschung Band 239.

Konradt, U., & Hertel, G. (2002). *Management virtueller Teams: Von der Telearbeit zum virtuellen Unternehmen*. Weinheim: Beltz.

Krell, G., & Weiskopf, R. (2006). *Die Anordnung der Leidenschaften*. Wien: Passagen-Verlag.

Kupperschmidt, B. R. (2000). Multigeneration employees: Strategies for effective management. *The Health Care Manager, 19*(1), 65–76.

Lang, R. (2014a). Globale Führung: „Leadership is going global". In R. Lang & I. Rybnikova (Hrsg.), *Aktuelle Führungstheorien und –konzepte* (S. 419–454). Wiesbaden: Springer Gabler.

Lang, R. (2014b). Implizite Führungstheorien: „Führung im Auge des Betrachters". In R. Lang & I. Rybnikova (Hrsg.), *Aktuelle Führungstheorien und –konzepte* (S. 57–88). Wiesbaden: Springer Gabler-.

Lord, R. G., Brown, D. J., Harvey, J. L., & Hall, R. J. (2001). Contextual constraints on prototype generation and their multilevel consequences for leadership perceptions. *The Leadership Quarterly, 12*(3), 311–338.

Lord, R. G., & Maher, K. J. (1993). *Leadership and information processing. Linking perceptions and performance*. London: Routledge.

Lord, R. G., & Emrich, C. (2000). Thinking outside the box by looking inside the box: Extending the cognitive revolution in leadership research. *The Leadership Quarterly, 11*(4), 551–579.

Lucke, D. (1995). *Akzeptanz: Legitimität in der „Abstimmungsgesellschaft"*. Opladen: Leske + Budrich.

Luhmann, N. (1987). *Soziale Systeme. Grundriß einer allgemeinen Theorie*. Frankfurt a. M.: Suhrkamp.

Macky, K., Gardner, D., & Forsyth, S. (2008). Generational differences at work: Introduction and overview. *Journal of managerial Psychology, 23*(8), 857–861.

Medvedeff, M. E., & Lord, R. G. (2007). Implicit leadership theories as dynamic processing structures. In B. Shamir & J. R. Meindl (Hrsg.), *Follower-centered perspectives on leadership. A volume in Leaership Horizons.* (S. 19–50) The series. A Tribute to the Memory of James R. Meindl. Greenwich: Information Age Publishing.

Meindl, J. R., Ehrlich, S. B., & Dukerich, J. M. (1985). The romance of leadership. *Administrative Science Quaterly, 30*(1), 78–102.

Moser, M. (2018). *Soft Skills Bedeutung von Soft Skills in einer sich wandelnden Unternehmenswelt. Eine Studie zu dem besonderen Stellenwert von Kompetenzen im Personalmanagement*. Wiesbaden: Springer Gabler.

Moser, M. (2017a). Widerspruchstoleranz bei Führungskräften. Eine Schlüsselkompetenz der Zukunft. *Zeitschrift für Führung und Organisation, 2017*(3), 155–161.

Moser, M. (2017b). *Hierarchielos führen. Anforderungen an eine moderne Unternehmens- und Mitarbeiterführung*. Wiesbaden: Springer Gabler.

Naisbitt, J. (1984). Megatrends – 10 Perspektiven, die unser Leben verändern werden. München: Heye-Verlag.

Negt, O. (1987). *Lebendige Arbeit, enteignete Zeit: politische und kulturelle Dimensionen des Kampfes um die Arbeitszeit* (3. Aufl.). Frankfurt: Campus.

Neubauer, W. (1986). Implizite Führungstheorien und Führungserfahrungen bei Vorgesetzten. In K. Daumenlang & J.Sauer (Hrsg.), *Aspekte psychologischer Forschung. Festschrift zum 60. Geburtstag von Erwin Roth* (S. 75–99). Göttingen: Verlag für Psychologie.

Neuberger, O. (1990): Führen und geführt werden. 3., völlig überarbeitete Auflage von „Führung". 36 Abbildungen und 11 Tabellen. Stuttgart: Ferdinand Enke Verlag.

Nink, M. (2018). *Engagement Index*. Die neuesten Daten und Erkenntnisse der Gallup-Studie: Redline-Verlag, München.

Nye, J. L. (2002). The eye of the follower: Information processing effects on attributions regarding leaders of small groups. *Small Group research, 33*(3), 337–360.

Nye, J. L. (2005). Implicit theories and leadership perceptions in the thick of it: The effects of prototype matching, group setbacks and group outcomes. In B. Schyns & J. R. Meindl (Hrsg.), *Implicit leadership theories. Essays and explorations* (S. 39–62). A Volume in Leadership Horizons. The series. Greenwich: Information Age Publishing.

Powell, G. N., & Butterfield, D. A. (1979). The „good manager": masculine or androgynous? *Academy of Management Journal, 22*(2), 395–403.

Raab, G., Unger, A., & Unger, F. (2016). *Marktpsychologie. Grundlagen und Anwendung* (4. Vollständig überarbeitete Aufl.). Wiesbaden : Springer Gabler.

Reiss, M. (2013). *Hybridorganisation: Netzwerke und virtuelle Strukturen*. Stuttgart: Kohlhammer.

Remer, A. (2001). Management im Dilemma – von der konsistenten zur kompensatorischen Managementkonfiguration. *Die Unternehmung, 55*(6), 353–375.

Rosener, J. (1990). Ways women lead. *Harvard Business Review, 68*(6), 125–199.

Rybnikova, I. (2014a). Führung und Frauen. In R. Lang & I. Rybnikova (Hrsg.), *Aktuelle Führungstheorien und –konzepte* (S. 387–418). Wiesbaden: Springer Gabler.

Rybnikova, I. (2014b). Austauschtheoretische Führungssicht: „Wie Du mir, so ich dir". In R. Lang & I. Rybnikova (Hrsg.), *Aktuelle Führungstheorien und –konzepte* (S. 121–149). Wiesbaden: Springer Gabler.

Schäfer, M., & Keppler, D. (2013). Modelle der technikorientierten Akzeptanzforschung. Überblick und Reflexion am Beispiel eines Forschungsprojekts zur Implementierung innovativer technischer Energieeffizienz-Maßnahmen. discussion paper Nr. 34/2013; 12/2013. https://www.tu-berlin.de/fileadmin/f27/PDFs/Discussion_Papers/Akzeptanz-paper_end.pdf.

Scharmer, C. O. (2017). *Theorie U -Von der Zukunft her führen. Von der Egosystem- zur Ökosystem-Wirtschaft. Theorie U in der Praxis* (2. Aufl.). Heidelberg: Carl Auer.

Schermuly, C. C. (2016). *New Work – Gute Arbeit gestalten: Psychologisches empowerment von Mitarbeitern*. Freiburg: Haufe.

Schettgen, P. (1991). *Führungspsychologie im Wandel. Neue Ansätze in der Organisations-, Interaktions- und Attributionsforschung*. Wiesbaden: Deutscher Universitätsverlag.

Schimank, U. (2000). *Handeln und Strukturen. Einführung in die akteurtheoretische Soziologie*. Weinheim: Juventa.

Seele, H. (2016). *Die Wirkung von enttäuschten Mitarbeitererwartungen an Personalführung. Attributionstheoretische Effekte und Handlungskonsequenzen*. Wiesbaden: Springer Gabler.

Shaw, J. (1990). A cognitive categorization model for the study of intercultural Management. *Academy of Management Review, 15*(4), 626–645.

Simon, H. (2007). *Hidden Champions des 21. Jahrhunderts. Die Erfolgsstrategien unbekannter Weltmarktführer*. Frankfurt: Campus.

Stock-Homburg, R. (2013). *Personalmanagement. Theorien – Konzepte – Instrumente* (3., überarbeitete u. erweiterte Aufl.). Wiesbaden: Springer Gabler.

Stock-Homburg, R., & Özbeck-Potthoff, G. (o. J.). Neue Führungsmethoden. Wer den richtigen Führungsstil wählt, bleibt auf Kurs und überholt die Konkurrenz, S. 8–11. In: MittelstandWissen. http://www.mup.wi.tu-darmstadt.de/media/bwl7/praxisportal/praxisverffentlichung/Mitarbeiterfuehrung-Mittelstand-wissen.pdf.

Sy, T. (2010). What do you think of followers? Examining the content, structure, and consequences of implicit followership. *Organizational Behavior and Human Decision Process, 113*(2), 73–84.

Tewes, U., & Wildgrube, K. (1999). *Psychologie-Lexikon* (2., überarbeitete u. erweiterte Aufl.). München: Oldenbourg.

Uhl-Bien, M., & Pillai, R. (2007). The romance of leadership and the social construction of followership. In B. Shamir, R. Pillai, M. C. Bligh, & M. Uhl-Bien (Hrsg.), *Follower-Centered Perspectives on leadership* (S. 187–209). A tribute to the Memory of James R. Meindl. A volume in leadership horizons, the series. Greenwich: Information age publishing.

Van Quaquebeke, Graf, M. M., & Eckloff, T. (2014). What do leaders have to live up to? Contrasting the effects of central tendency versus ideal-based leader prototypes in leader categorization process. *Leadership, 10*(2), 191–217.

Van Quaquebeke, N., & Brodbeck, F. C. (2008). Entwicklung und erste Validierung zweier Instrumente zur Erfassung von Führungskräfte-Kategorisierung im deutschsprachigen Raum. *Zeitschrift für Arbeits- und Organisationspsychologie, 52*(2), 70–80.

Van Quaquebeke, N., & Graf, M. M. (2015). *Wann wird man als gute Führungskraft gesehen? Eine Einführung in die kognitionspsychologische Sicht auf Führung. essentials.* Wiesbaden: Springer Gabler.

Van Vugt, M. (2012). The nature in leadership. Evolutionary, biological and social neuroscience perspectives. In D. V. Day & J. Antonakis (Hrsg.), *The nature of leadership* (2. Aufl., S. 141–175). Thousand Oaks: Sage.

Von Rueden, C., & Van Vugt, M. (2015). Leadership in small-scale societies: Some implications for theory, research, and practice. *The Leadership Quarterly, 26*(6), 978–990.

Wald, P. M. (2014). Virtuelle Führung. In R. Lang & I. Rybnikova (Hrsg.), *Aktuelle Führungstheorien und -konzepte* (S. 355–386). Wiesbaden: Springer Gabler.

Walk, H., Keppler, D., & Nölting, B. (2011). Die Suche nach Wegen für eine Energiewende in Ostdeutschland: Eine Herausforderung für die sozialwissenschaftliche Energieforschung. In D. Keppler, B. Nölting, & C. Schröder (Hrsg.), *Neue Energie im Osten – Gestaltung des Umbruchs. Perspektiven für eine zukunftsfähige sozial-ökologische Energiewende* (S. 49–71). Wiesbaden: Lang.

Weber, M. (1980). *Wirtschaft und Gesellschaft: Grundriß der verstehenden Soziologie* (5., revidierte Aufl.). Tubingen: Mohr.

Weibler, J. (2008). *Werthaltungen junger Führungskräfte. Forschungsstand und Forschungsoptionen. Böckler Forschungsmonitoring 4.* Düsseldorf: Hans-Böckler-Stiftung.

Weibler, J. (2016). *Personalführung* (3., komplett überarbeitete u. erweiterte Aufl.). München: Vahlen.

Weibler, J., & Deeg, J. (2005). Personalführung in virtueller werdenden Unternehmen – Diskussionsstand und Zukunftsaussichten. In M. D. Mroß & C. Thielmann-Holzmayer (Hrsg.), *Zeitgemäßes Personalmanagement. Erfolgreiche Bereitstellung und Nutzung von Personalvermögen. Festrschrift für Gerhard E. Ortner zum 65. Geburtstags* (1. Aufl., S. 77–97). Wiesbaden: Deutscher Universitäts-Verlag.

Wiswede, G. (2000). *Einführung in die Wirtschaftspsychologie* (3., überarbeitete u. erweiterte Aufl.). München: Ernst Reinhardt Verlag.

Wong, P. T., & Weiner, B. (1981). People ask „why" questions, and the heuristics of attributional search. *Journal of Personality and Social psychology, 40*(4), 650–663.

Yoo, Y., & Alavi, M. (2004). Emergent leadership in virtual teams: What do emergent leaders do? *Information and Organization, 14*(1), 27–58.

Zalesny, M. D., & Graen, G. B. (1995). Führungstheorien – Austauschtheorie. In A. Kieser, G. Reber, & R. Wunderer (Hrsg.), *Handwörterbuch der Führung* (2., neugestaltete u. ergänzte Aufl., S. 862–877). Stuttgart: Schäffer-Poeschel.